Karin Krafft
Anja Rahm

Aufsatzunterricht in der Grundschule

Oldenbourg

Oldenbourg PRAXIS Bibliothek 242

Bibliografische Information Der Deutschen Nationalbibliothek
Die Deutsche Nationalbibliothek verzeichnet diese Publikation in der Deutschen Nationalbibliografie; detaillierte bibliografische Daten sind im Internet über <http://dnb.d-nb.de> abrufbar.

Das Papier ist aus chlorfrei gebleichtem Zellstoff hergestellt, ist säurefrei und recyclingfähig.

Alle enthaltenen Arbeitsblätter für die Hand der Kinder sind auf dem Stand der Rechtschreibung 2006.

1. Auflage 2003 R06

Druck 10 09 08 07
Die letzte Zahl bezeichnet das Jahr des Drucks.

Umschlagkonzept: Mendell & Oberer, München
Umschlaggestaltung und -illustration: Lutz Siebert-Wendt, München
Lektorat: Stefanie Fischer, Julia Kluge
Moderation: Silvia Regelein, Nürnberg
Herstellung: Fredi Grosser
Zeichnungen: Bettina Buresch, Schongau
Zeichnungen auf S. 151 und 152: Jan Birck, München
Satz: Greipel-Offset, Haag/Obb.
Druck und Bindung: Schneider Druck GmbH, Rothenburg ob der Tauber

ISBN 978-3-486-**96066**-2
ISBN 978-3-637-**96066**-4 (ab 1.1.2009)

Inhaltsverzeichnis

Vorwort

Dieses Buch will Ihnen vielfältige Hilfen und Ideen für Ihren Unterricht liefern.
Ein zielgerichteter Lehrgang zum **unterhaltenden und informierenden Schreiben** ergänzt das freie Schreiben. Die Kinder lernen dabei notwendige Regeln zum Verfassen von Texten kennen, damit sie sie beim selbstständigen Schreiben anwenden können. Die **Unterrichtsanregungen** zeigen mögliche Wege zum Erkennen sprachlicher Mittel und zum Erarbeiten von Regeln auf. Vertiefende **Übungen** mit steigendem Schwierigkeitsgrad und die **Reparaturwerkstatt** regen zum selbstständigen Üben an, auch in der Freiarbeit. Mit einer abschließenden **Lernzielkontrolle** wird überprüft, inwieweit die Kinder die erarbeiteten Inhalte umsetzen können.
Die Kinder können die erarbeiteten Regeln als **„Tipps für Autoren"** in einem Aufsatzheft sammeln. Auch ein Plakat im Klassenzimmer mit diesen Regeln dient den Kindern als Hilfe beim Vorbereiten, Aufschreiben und Überprüfen von Texten.
Die einzelnen Unterrichtsanregungen mit den Regeln bauen nicht aufeinander auf, sodass Sie die Reihenfolge individuell auf Ihre Unterrichtsplanung abstimmen können.
In einem **„Buch gegen Langeweile"** sammeln die Kinder Spiel- und Bastelideen sowie Zaubertricks und Kochrezepte und ergänzen ihr Buch mit eigenen Ideen. Dabei üben sie sowohl unterhaltendes als auch informierendes Schreiben und erfahren beim Veröffentlichen die Wirkung und Bedeutung ihrer Texte.
Die Kapitel **Kreatives** und **Freies Schreiben** sowie **Projekte** bieten eine Fülle von Schreibanregungen, die sich beliebig einsetzen und ausdehnen lassen. Bei vielfältigen Aktivitäten (z. B. Erzählbaukasten, Schülerzeitung) wenden die Kinder die erarbeiteten Regeln zum Verfassen von Texten an und vertiefen sie.
Das Kapitel **Schreibkonferenzen** zeigt, wie Sie Kinder an das selbstständige Überarbeiten ihrer Texte heranführen können.
Schließlich gibt Ihnen das Kapitel **Korrektur** praktikable Hilfen zum Beurteilen von Kindertexten.
Es empfiehlt sich bei den **Kopiervorlagen** eine **Vergrößerung auf ca. 150 %** – entspricht in etwa DIN A4.)

Viel Spaß mit diesem Buch, Freude am Unterricht und an den Kindertexten wünschen Ihnen

Karin Krafft und Anja Rahm

1. Unterhaltendes Schreiben

Damit die Kinder lernen, erlebte und erfundene Geschichten anschaulich und spannend zu formulieren, werden folgende sprachliche Mittel erarbeitet.

1.1 Die richtige Reihenfolge

Die zeitliche Reihenfolge und der logische Aufbau verdeutlichen die einzelnen Aussagen und kausalen Zusammenhänge und sind eine unabdingbare Voraussetzung für die Verständlichkeit eines Textes.

Unterrichtsanregungen: Bastelanleitung

Lernziel: Ordnen von Bildern und Sätzen in der richtigen Reihenfolge

Material: Folie, Kopiervorlagen 1–3, Blatt DIN A4, Kleber, Papierflieger

Einstieg:
Die Kinder erhalten drei unterschiedliche Bastelanleitungen ohne Text (Kopiervorlage 1; nur bei B sind die Bilder in der richtigen Reihenfolge).
Partnerarbeit: Die Kinder wählen eine Bastelanleitung aus und versuchen danach einen Flieger zu basteln.

Problemstellung: Welche Bastelanleitung konntest du gut verstehen?

Erarbeitung:
Stummer Impuls: Die Lehrerin zeigt die Folie mit den drei Bastelanleitungen.
Die Kinder teilen ihre Meinung mit und begründen sie.
Dann ordnen sie die Textstreifen (Kopiervorlage 2) den entsprechenden Bildern zu und bringen die Bild- und Satzstreifen am Overheadprojektor in die richtige Reihenfolge.
Erkenntnis: Die Bastelanleitung ist nur verständlich, wenn die Sätze in der richtigen Reihenfolge sind.

Regelformulierung und Tafelanschrift:

Richtige Reihenfolge
Ich achte auf die richtige Reihenfolge der Sätze.

Die Kinder schreiben die Regel in ihr Heft und kleben die richtige Bastelanleitung B darunter ein.
Abschluss: Die Kinder lassen ihre Flieger fliegen.

Anwendung: Kopiervorlage 3
Die Kinder bringen die ungeordnete Bastelanleitung in die richtige Reihenfolge.

KV 1

Ich bastle einen Papierflieger

Ⓐ

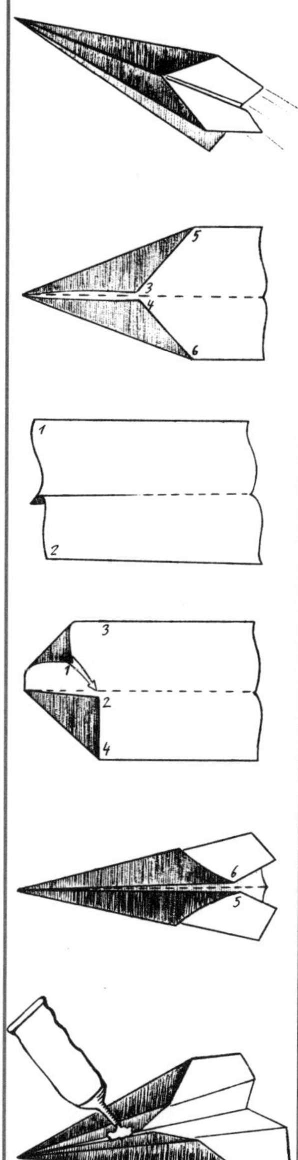

Ⓑ

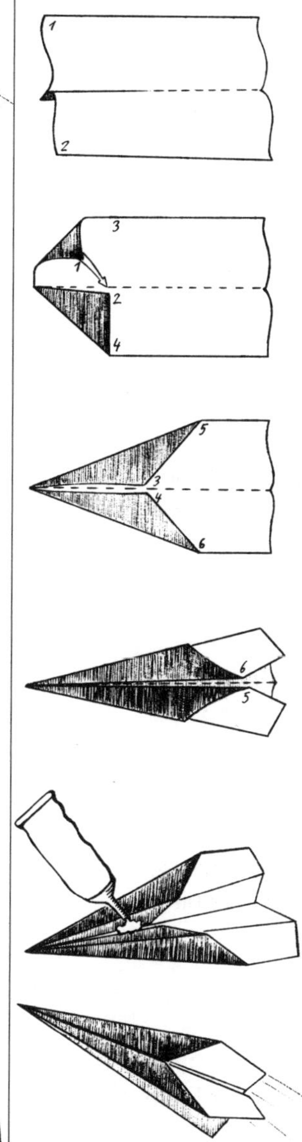

Ⓒ

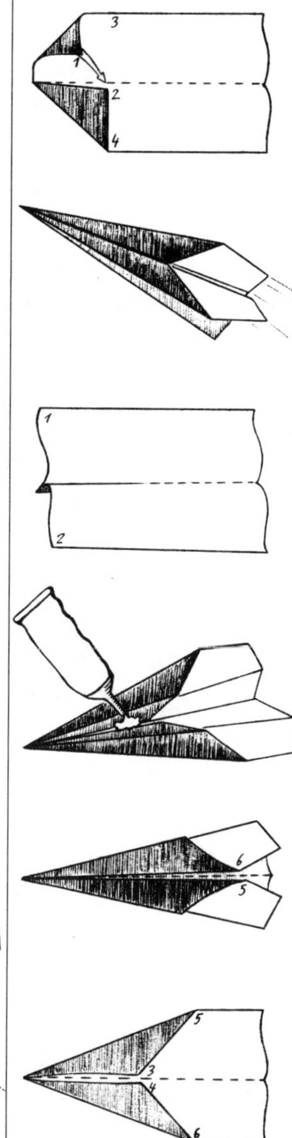

Schneide aus und ordne die Sätze den Bildern zu.
Nun falte ich die äußeren Ecken zur Mittellinie.
Ich drehe das Blatt um und faltc die Außenseiten zur Mittellinie.
Ich drehe meinen Flieger um und klebe ihn in der Mitte zusammen.
Fertig. Ob ich meinen Flieger noch anmalen soll?
Danach falte ich die oberen Ecken zur Mittellinie hin.
Zuerst falte ich mein Blatt der Länge nach in der Mitte.

Name: ______________________	Datum: ____________	KV 3

Die Zauberkarte

„Wetten, dass du deinen Kopf durch eine Postkarte stecken kannst!" Du brauchst eine Postkarte, einen Stift, eine Schere und ein Blatt Papier.

○ 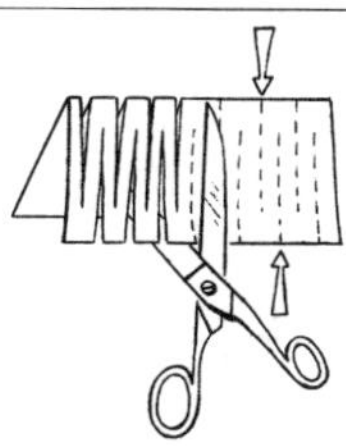

○ Schneide das Papier am Knick von Strich 1 bis Strich 8 vorsichtig durch.

○ 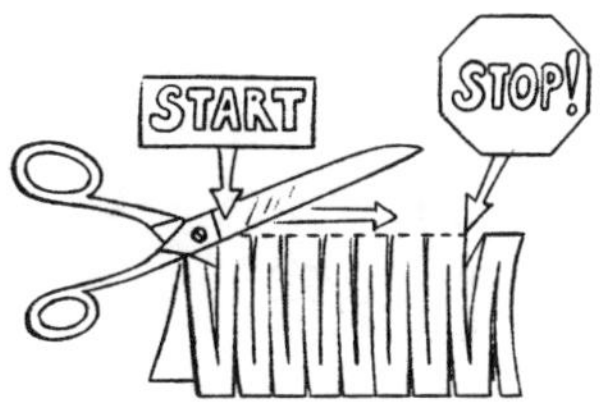

○ Falte das Rechteck an der langen Seite zur Hälfte und zeichne mit dem Lineal die Striche ein.

○ 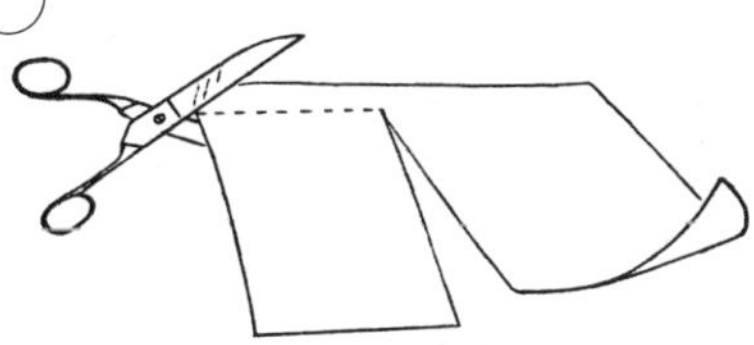

○ Schneide die Linien von unten und oben her ein.

○ 

○ Wenn du deine Postkarte nicht zerschneiden willst: Lege die Postkarte auf ein Papier, umfahre die Karte und schneide dann das Papier aus. Arbeite danach nur mit dem Papier weiter.

Passt dein Kopf durch die Postkarte?

Weitere Übungen

Buch gegen Langeweile (vgl. Kap. 2)

Neben weiteren Übungsschwerpunkten an Bastel- und Spielanleitungen, Zaubertricks und Rezepten (vgl. dazu auch Kap. 1.2, 2.1 und 2.2) wird auch hier das Beachten der Reihenfolge geübt. Die Arbeitsblätter werden in beliebiger Reihenfolge zu einem Buch zusammengestellt, das sich im Laufe des Schuljahres durch Ideen der Kinder ergänzen lässt.

Himmel und Hölle (Kopiervorlage 4)
Die Lehrerin zeigt den Kindern den gebastelten Gegenstand und demonstriert danach die Herstellung. Anschließend bringen die Kinder die Bilder von Kopiervorlage 4 selbstständig in die richtige Reihenfolge. Nach gemeinsamer Kontrolle formulieren sie die Bastelanleitung dazu (Tafelanschrift), kleben die Bilder geordnet in ihr Heft, schreiben den Text daneben und erproben die Anleitung.

Klappkarte (Kopiervorlage 5)
Die Lehrerin zeigt eine gebastelte Klappkarte und zeigt die Schritte beim Herstellen. Die Kinder notieren zu jedem Arbeitsschritt selbstständig einen Satz auf ihrem Block. Zur Kontrolle ordnen sie die Bilder der Bastelanleitung an der Tafel oder auf Folie, bringen sie in die richtige Reihenfolge und ergänzen sie mit ihren Formulierungen. Danach schreiben sie die Anleitung in ihr Heft und basteln die Karte.

Wirbelspirale (Kopiervorlage 6)
Die Lehrerin zeigt eine fertige Wirbelspirale. An der Tafel oder auf Folie sind Bilder mit den einzelnen Bastelschritten zu sehen. Die Kinder ordnen diese, versprachlichen die Schritte, schreiben die Bastelanleitung selbstständig auf und basteln die Wirbelspirale.

Differenzierung:
- Einer vorgegebenen Bildfolge (z. B. aus einem Bastelbuch) werden die Sätze richtig zugeordnet.
- Bilder und Sätze werden in die richtige Reihenfolge gebracht.
- Zu einer vorgegebenen Bildfolge wird der Text selbstständig verfasst.
- Die Bilder werden geordnet, der Text wird selbstständig verfasst.

Himmel und Hölle

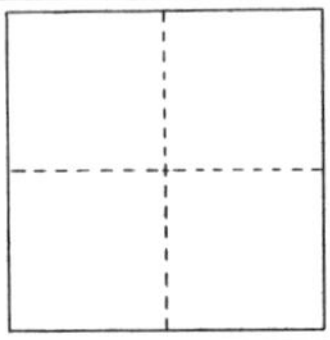	Falte ein Quadrat mit der Seitenlänge 15 cm einmal längs und dann quer. Du siehst jetzt vier gleich große Quadrate.
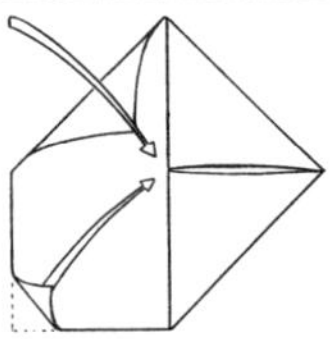	Klappe alle vier Ecken bis zum Mittelpunkt. Du hast jetzt wieder ein Quadrat. Drehe es um.
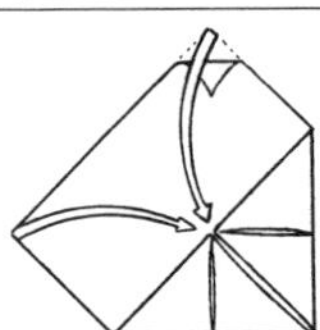	Falte noch einmal alle vier Ecken zur Mitte. Nun hast du wieder ein Quadrat. Drehe es um.
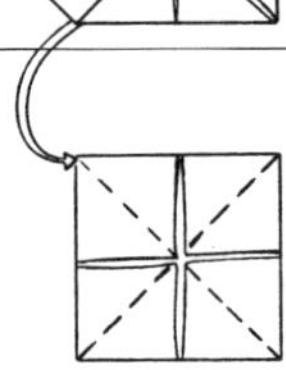	Knicke das Quadrat in der Mitte einmal längs und einmal quer.
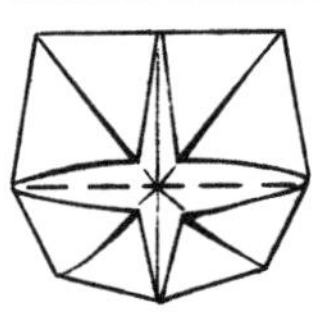	Knicke das Quadrat an der Mittellinie nach hinten.
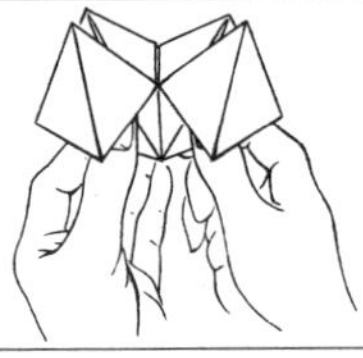	Schiebe Daumen und Zeigefinger jeder Hand in je eine Tasche.
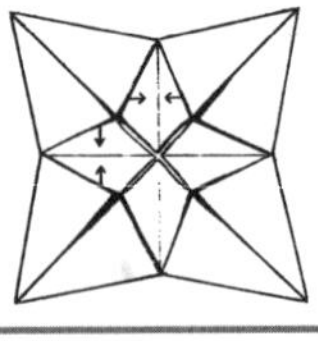	So sieht die Rückseite aus.

KV 5

Klappkarte

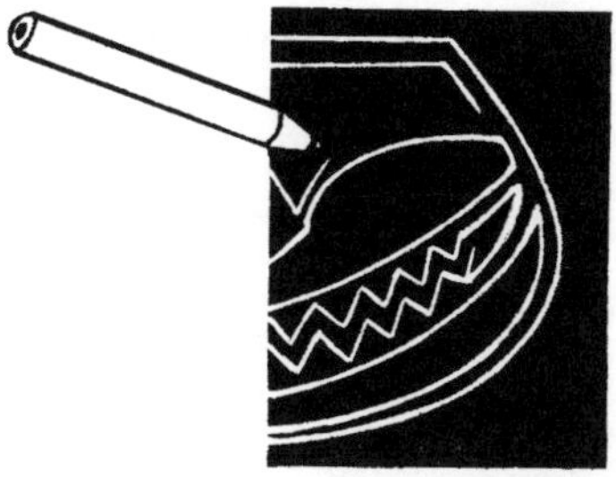

Male ein halbes Gesicht auf ein schwarzes Tonpapier DIN A4.

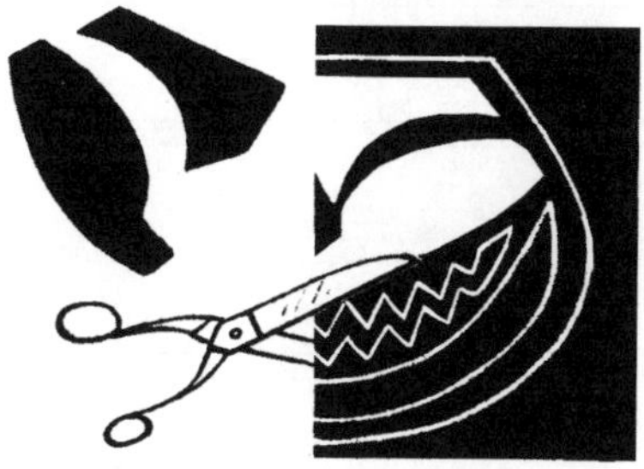

Schneide die Gesichtsteile aus.

Klebe den schwarzen Rahmen auf ein weißes DIN-A3-Papier und lege das schwarze Gesicht auf die andere Hälfte.

Klebe nun die Gesichtsteile genau gegengleich auf.

Name: ______________________	Datum: ___________	KV 6

Die Wirbelspirale

Du brauchst: Tonpapier, Teller, Stift, Schere und eine Schnur mit Perle.

Unterrichtsanregungen: Bildergeschichte

Lernziel: Sprachliches Umsetzen von Bildinhalten zu einem zusammenhängenden Text

Material: Kopiervorlage 7 und Folie davon, Tafelanschrift

Einstieg

Lehrerin: Am Wochenende ist mir etwas Schreckliches passiert! Ich habe mein ... verloren. Im Anschluss berichten die Kinder von eigenen Erlebnissen.
Lehrerin: Einem Jungen ist etwas Ähnliches passiert.
Die Bilder von Kopiervorlage 7 sind an der Tafel oder als Folie in ungeordneter Reihenfolge zu sehen. Die Kinder beschreiben die Bilder und stellen fest, dass die Reihenfolge nicht stimmt und deshalb keine zusammenhängende Geschichte entsteht.

Erarbeitung

Die Kinder ordnen die Bilder, begründen ihre Entscheidung und erzählen die Geschichte.
Erkenntnis: Zu den geordneten Bildern kann man eine zusammenhängende verständliche Geschichte erzählen.

Regelformulierung und Tafelanschrift:

> *Richtige Reihenfolge*
>
> Ich erzähle eine Geschichte in der richtigen Reihenfolge.

Sicherung

Die Kinder schreiben die Regel in ihr Heft, kleben die Bilder in der richtigen Reihenfolge darunter ein und verfassen in differenzierter Arbeitsweise Texte auf dem Block. Die korrigierte Version wird später ins Heft übertragen.

Differenzierung

- Schwierige Aufgabe: Selbstständiges Verfassen des Textes mit Hilfe des Wörterbuchs
- Leichtere Aufgabe: Worthilfen

> Bild 1: Pausenhof – Max – frühstücken
> Bild 2: Max – fangen – spielen
> Bild 3: Pause vorbei – Trinkflasche
> Bild 4: Lina – Pausendienst
> Bild 5: Lina – Flasche – Lehrerin
> Bild 6: Lina – Lehrerin – Zettel

KV 7

Trinkflasche
am Montag, 14. Mai
im Schulhof
gefunden
Bitte melden bei
Klasse 4b

Weitere Übungen

Ordnen von Sätzen

Ein nasser Spaziergang

___ Aufgeregt berichtet Christina ihrer Oma.
___ Plötzlich ist vor uns ein Hase über den Weg gehoppelt.
___ Lumpi hat den Sprung nicht geschafft und ist in den Wassergraben gefallen.
___ In seiner Not ist der Hase über einen Wassergraben gesprungen.
___ Ich bin mit Lumpi, dem Dackel der Nachbarn, spazieren gegangen.
___ Lumpi hat sich losgerissen und ist dem Hasen hinterher gejagt.

1. Bringe die Sätze mit Nummern in die richtige Reihenfolge.
2. Schreibe die geordnete Geschichte in dein Heft.

Lösung:

1 Aufgeregt berichtet Christina ihrer Oma.
3 Plötzlich ist vor uns ein Hase über den Weg gehoppelt.
6 Lumpi hat den Sprung nicht geschafft und ist in den Wassergraben gefallen.
5 In seiner Not ist der Hase über einen Wassergraben gesprungen.
2 Ich bin mit Lumpi, dem Dackel der Nachbarn, spazieren gegangen.
4 Lumpi hat sich losgerissen und ist dem Hasen hinterher gejagt.

Die Klettereinlage

___ Hannes spielt mit seinen Freunden Fußball.
___ Geschickt klettert er auf den Baum.
___ Hannes ruft: „Den hole ich gleich herunter!“
___ Geschafft. Aber wie kommt er den Baum wieder hinunter?
___ Schnell erreicht er den Ball und stößt ihn mit der Hand hinunter.
___ Plötzlich landet der Ball im Apfelbaum.
___ Da ruft Marcel: „Steig auf meine Schultern und halte dich am Stamm fest.“

Schreibe die geordneten Sätze in dein Heft.

Lösung:

- Hannes spielt mit seinen Freunden Fußball.
- Plötzlich landet der Ball im Apfelbaum.
- Hannes ruft: „Den hole ich gleich herunter!“

- Geschickt klettert er auf den Baum.
- Schnell erreicht er den Ball und stößt ihn mit der Hand hinunter.
- Geschafft. Aber wie kommt er den Baum wieder hinunter?
- Da ruft Marcel: „Steig auf meine Schultern und halte dich am Stamm fest.“

Selbst erfundene Geschichten

In der richtigen Reihenfolge schreiben

Erfinde eine kurze Geschichte und schreibe jeden Satz in eine Zeile.
Diese Wörter können dir helfen:

zuerst – dann – danach – anschließend – daraufhin – schließlich – am Ende – zuletzt

Schneide jeden Satz ab, mische die Streifen und stecke sie in einen Briefumschlag.
Wer kann die Sätze wieder in die richtige Reihenfolge bringen?

Lernzielkontrolle: Kopiervorlage 8

1.2 Wechselnde Satzanfänge

Unterrichtsanregungen

Lernziel: Verwenden unterschiedlicher Satzanfänge

Material: Folie, Wortkarten, Kopiervorlage 9, Tafelanschrift 1 – 4

Einstieg
Möglichkeit 1: Die Kinder erzählen von eigenen „Walderlebnissen“.
Möglichkeit 2: Die Lehrerin erzählt, dass eine Klasse mit dem Förster den Wald erkundet hat.

Die Lehrerin klappt die Tafel auf (Tafelanschrift 1):

Im Wald

Gestern war unsere Klasse beim Förster im Wald.
Wir trafen uns bei seiner Hütte.
Dann gingen wir mit ihm los, um den Wald zu erkunden.
Dann durften wir mit ihm in die Baumschule
Dann erklärte er uns die einzelnen Bäume.
Dann wanderten wir noch zum Wildgehege, um die Frischlinge zu sehen.
Dann machten wir Rast an einer Lichtung.
Dann wartete schon wieder der Bus und brachte uns zur Schule zurück.

Lernzielkontrolle (Kopiervorlage 8)

Name: ______________________	Datum: ____________	KV 8

Vorsicht Ball!

1. Bringe die Bilder mit Nummern in die richtige Reihenfolge.

2. Zu welchem Bild passt der Satz? Schreibe ihn unten bei der richtigen Bildnummer auf.

Plötzlich rollt ein Ball vor Lisas Fahrrad.
Sie sieht ihn nicht rechtzeitig und stürzt.

3. Bilde mit den Wörtern zwei Sätze. Schreibe die Sätze zur richtigen Bildnummer dazu.

Lisa – Karina – Fahrrad – umdrehen

Lisa – Fahrrad – schieben

4. Zu welchem Bild fehlt nun noch der Satz? Schreibe ihn dazu.

Bild 1 ____

____

Bild 2 ____

____

Bild 3 ____

____

Bild 4 ____

____

Von ___ Punkten hast du ___ erreicht.

Note: ___

Die Kinder lesen den Text und erkennen, dass die ständige Wiederholung von „dann" eintönig und langweilig ist.

Zielangabe: Wir suchen bessere Satzanfänge.

Erarbeitung:
Die Kinder nennen andere Wörter für „dann", die die Lehrerin als Wortkarten auf die freie Innentafel hängt (Tafelanschrift 2). Anschließend kleben die Kinder die Wortkarten über die „dann"-Wörter an der Tafel (Tafelanschrift 3).
Spracherkenntnis: Die Kinder legen ihren Kopf auf die Arme und schließen die Augen. Ein Kind liest Text 1 (dann) vor, ein anderes Kind Text 2 (wechselnde Satzanfänge). Die Kinder stellen fest, dass die Geschichte mit verschiedenen Satzanfängen „besser klingt" und dass Wiederholungen am Satzanfang langweilig wirken. Durch wechselnde Satzanfänge wird die Geschichte lebendiger.

Regelformulierung und Tafelanschrift 4:

Verschiedene Satzanfänge
Verschiedene Wörter am Satzanfang machen eine Geschichte lebendig.

Die Kinder übertragen die Tafelanschrift in ihr Heft.

Anwendung (siehe KV 9)

Weitere Übungen

Richtige Reihenfolge und abwechslungsreiche Satzanfänge
Die Kinder sollen vorgegebene Satzstreifen einer Bastelanleitung in die richtige Reihenfolge bringen. Die Lehrerin schneidet die Bastelanleitung vorher in Textstreifen.

Gruppe 1	Gruppe 2
Zuerst male ich den Bären aus.	Zuerst male ich den Bären aus.
Dann schneide ich ihn aus.	Anschließend schneide ich ihn aus.
Dann klebe ich die Teile auf Pappe.	Dann klebe ich die Teile auf Pappe.
Dann schneide ich sie noch einmal aus.	Danach schneide ich sie noch einmal aus.
Dann mache ich die Arme und Beine mit Musterklammern fest.	Zum Schluss mache ich die Arme und Beine mit Musterklammern fest.

Name: ______________________	Datum: __________	KV 9

Das ist noch einmal gut gegangen!

Als wir gestern aus der Schule kamen, rannte Marco sofort zu seinem Fahrrad und wollte schnell heimradeln.

__________ schwang er sich auf seinen Sattel.

__________ fuhr er, ohne nach links und rechts zu schauen, los.

__________ hörte man Bremsen laut quietschen.

__________ war ein Scheppern zu hören.

__________ war es plötzlich ganz still.

__________ jammerte Marco leise.

__________ rannten wir zitternd auf die Straße.

__________ schrien wir: „Was ist passiert?"

__________ lachten wir erleichtert, denn Marco war nur gegen den Abfalleimer gefahren.

Setze verschiedene Wörter am Satzanfang ein.

Satzanfänge zur Auswahl:

Zuerst ...	Dann ...	Darauf ...	Danach ...
Nun ...	Nach einer Weile ...	Jetzt ...	Plötzlich ...
Sofort ...	Nach einiger Zeit ...	Schließlich ...	Am Ende ...

Die Gruppen stellen die beiden Versionen an der Tafel oder auf Folie vor. Beim Vergleichen wird deutlich, dass die Anleitung mit den wechselnden Satzanfängen besser ist und es der Gruppe erleichtert hat, die richtige Reihenfolge (z. B. zuerst, zum Schluss) zu finden.
Die Bastelanleitung wird aufgeschrieben und erprobt.
Vertiefung: Die Wortkarten mit den gesammelten Satzanfängen aus der Einführungsstunde werden ungeordnet an die Tafel gehängt. Die Kinder sortieren sie und stellen fest, dass einige Satzanfänge besser zum Anfang oder Schluss einer Geschichte passen.

Hefteintrag:

Anfang	*Zwischenteil*	*Schluss*
Zuerst, am Anfang, zu Beginn	Dann, darauf, nun, jetzt, danach, nach einiger Zeit, plötzlich, auf einmal, sogleich, gleich, später, nachher	Zum Schluss, am Ende, schließlich, zuletzt

Ordnen von Satzanfängen in einer logischen Reihenfolge

Jeden Morgen dasselbe

Endlich klingelt der Wecker.
Zum Schluss steige ich aus dem Bett.
Zuerst gehe ich ins Bad und wasche mich.
Dann ziehe ich mich an.
Danach sitze ich am Frühstückstisch und trinke meinen Kakao.
Anschließend nehme ich meine Büchertasche und gehe in die Schule.

Lösungsvorschlag:
Zuerst klingelt der Wecker.
Dann steige ich aus dem Bett.
Anschließend gehe ich ins Bad und wasche mich.
Danach ziehe ich mich an.
Endlich sitze ich am Frühstückstisch und trinke meinen Kakao.
Zum Schluss nehme ich meine Büchertasche und gehe in die Schule.

Weitere Beiträge für das „Buch gegen Langeweile“

- Die Kinder formulieren aus vorgegebenen Stichpunkten Sätze mit passenden Satzanfängen zu einem von der Lehrerin vorgegebenen Zaubertrick (gängige Bücher zum Thema „Zaubern mit Kindern“ benutzen).

- Kopiervorlage 10 (Münze): Die Kinder formulieren eine Zauberanleitung zu vorgegebenen Bildern, z. B.:
  1. Zuerst lege ich eine Münze in die Mitte eines Tuches.
  2. Dann falte ich das Eck, das zu mir herzeigt, über die hintere Tuchecke hinaus, sodass die Münze verdeckt wird.
  3. Nun rolle ich das Tuch von vorne nach hinten zusammen.
  4. Mit meiner rechten Hand nehme ich das hintere Eck.
  5. Das vordere Eck nehme ich mit meiner linken Hand.
  6. Zum Schluss ziehe ich das Tuch auseinander und die Münze ist verschwunden.

  Achtung: Als Unterlage für diesen Zaubertrick eignet sich am besten ein Tisch mit Tischdecke oder eine andere weiche Unterlage.

Schwierigere Übungen

- Abwechselnde Satzanfänge durch Satzumstellung

Beispiel:

Da galoppierte das Pferd über Stock und Stein.	Über Stock und Stein galoppierte das Pferd.

Die Lehrerin gibt den Kindern weitere Sätze zum Umstellen vor.

- Verwenden von Zeitangaben, Ortsangaben und Artangaben am Satzanfang

Die Kinder legen eine Tabelle an und schreiben aus beliebigen Texten die Angaben ab, z. B.:

Zeitangabe	Ortsangabe	Artangabe	andere Satzanfänge
Später ...	Am Meer ...	Schnell ...	Das Wasser ...

Mit Hilfe dieser Tabelle verbessern sie den folgenden Brief:

Liebe Tante Nora, 13. 6. 20 . .

ich war heute zum ersten Mal am Meer. Ich war tief beeindruckt! Ich freute mich über die hohen Wellen. Ich holte mein Sandspielzeug und baute am Strand eine Burg. Ich legte mich in den Sand und sonnte mich. Ich suchte nach Muscheln und Krabben. Ich fand eine schöne glitzernde Muschel. Ich ging mit meinen Eltern im Meer schwimmen. Ich spürte plötzlich ein Brennen am rechten Arm. Ich schrie und sah, dass mich eine Qualle berührt hatte. Ich ging heulend mit meinen Eltern ins Hotel zurück. Meine Eltern machten mir kalte Umschläge, dann ging es mir besser.

Deine Jana

Name: ______________________	Datum: ____________	KV 10

Die verschwundene Münze

1

2

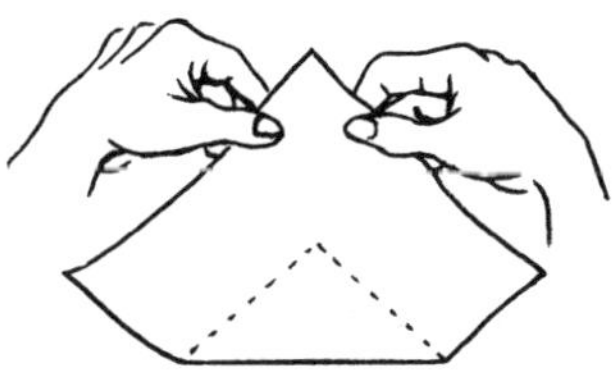

3

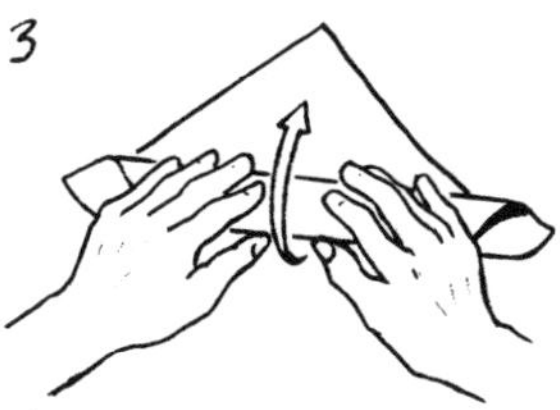

4

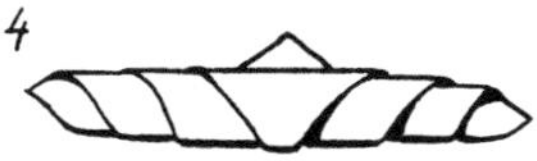

5

6

Reparaturwerkstatt

Verbessere den Text und achte dabei auf die Satzanfänge.

> *Die Geschichte vom Schaumbad*
>
> Ein Mann sah jeden Abend das Werbefernsehen.
> Dann kaufte er alles, wofür Reklame gemacht wurde.
> Einmal zeigte ein Mädchen einen neuen Badeschaum, durch den sollte jeder gesund und glücklich werden.
> Und dann kaufte der Mann drei Packungen von diesem Schaumbad.
> Und dann schüttete er sich gleich eine ganze Packung in die Badewanne, denn er wollte auf einen Schlag gesund und glücklich werden.
> Dann plätscherte er und schon gab es einen schönen weißen Schaum.
> Dann stieg der Schaum immer höher.
> Da plusterte sich der Schaum auf und schäumte bis zur Zimmerdecke.
> Da fühlte sich der Mann aber kein bisschen gesund und glücklich.
> Und dann hatte er Nase und Ohren voller Schaum. Er strampelte und schrie: „Aufhören, aufhören!“
> Und dann quoll eine dicke, weiße Schaumwolke aus dem Badezimmer.

nach Ursula Wölfel (Aus: Ursula Wölfel, Neunundzwanzig verrückte Geschichten. Hoch Verlag. Düsseldorf 1974)

- Differenzierung: Verbesserungsvorschläge sind vorgegeben: *In diesem Moment – Am Ende – Plötzlich – Daraufhin – Fröhlich – Auf einmal – Am Abend – Zu seinem Pech*
- Freiarbeit: Die Kinder legen in den vergrößerten Text Wortkarten mit Satzanfängen.

Lernzielkontrollen

Kopiervorlage 11/Lernzielkontrolle 1: Wechselnde Satzanfänge
Die Lehrerin zeigt den Kindern vorher den gebastelten Gegenstand.

Kopiervorlage 12/Lernzielkontrolle 2: Wechselnde Satzanfänge und richtige Reihenfolge

Name: ______________________	Datum: __________	KV 11

Bastelanleitung für eine Klammermaus

Schreibe aus den Stichpunkten eine Bastelanleitung. Achte dabei auf die Satzanfänge.

1. Schablonen ausschneiden
2. Schablonen auf Filz aufkleben
3. Überstehende Filzkanten abschneiden
4. Wäscheklammer zwischen die Pappteile kleben
5. Augen aus dem Filz ausschneiden
6. Augen aufkleben
7. Schwanz ankleben

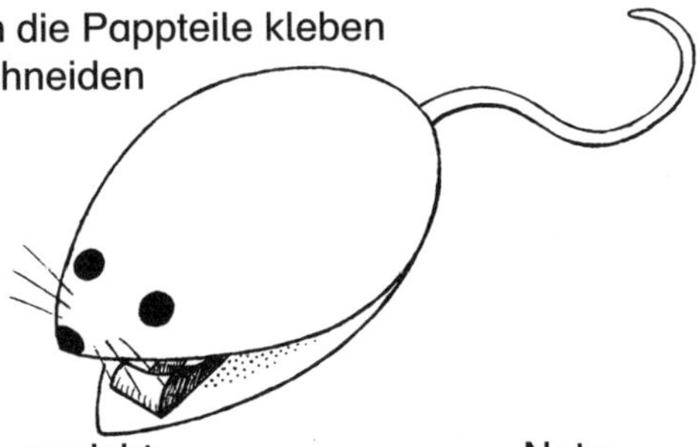

Du hast von ___ Punkten ___ erreicht. Note: ___

Name: ______________________	Datum: __________	KV 12

Bastelanleitung für eine Klammermaus

1. Bringe die Stichpunkte mit Nummern in die richtige Reihenfolge.
2. Schreibe aus den Stichpunkten eine Bastelanleitung. Achte dabei auf die Satzanfänge.

___ Schwanz ankleben
___ Überstehende Filzkanten abschneiden
___ Schablonen ausschneiden
___ Augen aus dem Filz ausschneiden
___ Wäscheklammer zwischen die Pappteile kleben
___ Schablonen auf Filz aufkleben
___ Augen aufkleben

Du hast von ___ Punkten ___ erreicht. Note: ___

1.3 Treffende Zeit- und Eigenschaftswörter

Treffende Wörter sollen den Leser emotional ansprechen und ein besseres Einfühlen in die Situation ermöglichen. Genaue und abwechslungsreiche Eigenschafts- und Zeitwörter sind dabei eine Hilfe.

Unterrichtsanregungen: Die Burg des Ritters Fürchtewohl (treffende Zeitwörter)

Lernziel: Verwenden treffender Zeitwörter

Material: Folie, Kopiervorlage 13, Wort- und Bildkarten, Tafelanschrift

Voraussetzung: Erarbeitung des Wortfeldes „gehen" und Zusammenstellen einer Wortsammlung

Einstieg:
Die Lehrerin zeigt Folie 1 mit dem Bild einer Burg

Die Kinder beschreiben das Bild. Im Anschluss liest die Lehrerin den Text bei geschlossener Tafel vor.

Tafelanschrift 1 (Tafel noch zugeklappt):

Die Burg des Ritters Fürchtewohl

1 Max und Tom **gehen** zur Burg.
2 Sie **gehen** durch den Wassergraben.
3 Leise öffnen sie die Pforte. Vorsichtig **gehen** sie auf Zehenspitzen in die Halle.
4 Da hören sie etwas klirren, schnell **gehen** sie den Gang entlang.
5 Voller Panik **gehen** sie die Treppe hinauf.

Die Kinder erkennen, dass die Wiederholung des Wortes „gehen" eintönig und langweilig ist.

Zielangabe: Wir suchen für „gehen" treffende Wörter.

Erarbeitung
Die Kinder spielen passende Wörter pantomimisch vor und sammeln so Wörter zum Wortfeld „gehen". Anschließend ordnen sie Wortkarten den entsprechenden Bildkarten zu (Tafelanschrift 2 an der linken und rechten Innentafel).
Partnerarbeit: Kopiervorlage 13 (oben)
Danach ordnen die Kinder an der Tafel die Wortkarten begründend den verschiedenen Sätzen zu und lesen den verbesserten Text vor.

Spracherkenntnis: Zum Vergleich lesen die Kinder beide Versionen noch einmal vor und stellen dabei die Zeitwörter pantomimisch dar. Dabei stellen sie fest, dass die Geschichte mit treffenden Zeitwörtern anschaulich und lebendig ist.

Regelformulierung und Tafelanschrift 3:

Treffende Zeitwörter
Treffende Zeitwörter machen eine Geschichte anschaulich und lebendig.

Die Kinder übertragen die Regel in ihr Heft und kleben die Bild- und Wortkarten darunter (Kopiervorlage 13 unten).

Weitere Übungen

Lückentext: Kopiervorlage 14

Name: ______________________	Datum: __________	KV 13

Die Burg des Ritters Fürchtewohl

1 Max und Tom ______________________ zur Burg.

2 Sie ______________________ über den Wassergraben.

3 Leise öffnen sie die Pforte. Vorsichtig ______________________ sie auf Zehenspitzen in die Halle.

4 Da hören sie etwas klirren, schnell ______________________ sie den Gang entlang.

5 Voller Panik ______________________ sie die Treppe hinauf.

Setze in die Lücken andere Zeitwörter für gehen ein.

schleichen	rennen	sausen
springen	wandern	gehen

Name: ____________________	Datum: __________	KV 14

Ein ganz normaler Schultag

1. David ____________________ Paula ins Ohr.
2. Die Lehrerin ____________________ die Hausaufgabe.
3. Der Klassensprecher____________________ einen Schüler.
4. Anna ____________________ in die Klasse.
5. Simon ____________________: „Lass mich in Ruhe!“
6. Lisa ____________________: „Hör mir doch zu!“
7. Drei Kinder ____________________ miteinander.

Plötzlich lässt Steffi ihre Butterbrottüte zerplatzen. Die Kinder erschrecken.

____

____

____

____

____

____

1) Setze in die Lücken passende Wörter ein.
2) Schreibe die Geschichte zu Ende. Denke an treffende Zeitwörter (Verben).

Lösungsvorschlag:
David *flüstert* Paula ins Ohr.
Die Lehrerin *erklärt* die Hausaufgabe.
Der Klassensprecher *ermahnt* einen Schüler.
Anna *ruft* in die Klasse.
Simon *zischt:* „Lass mich in Ruhe!“
Lisa *antwortet:* „Hör mir doch zu!“
Drei Kinder *schwätzen* miteinander.
Differenzierung: Die Zeitwörter sind vorgegeben und sind nur noch zuzuordnen.

Name: ______________________	Datum: ____________	KV 15

Die Faschingsfeier

Ersetze die fett gedruckten Zeitwörter durch treffende Zeitwörter. Schreibe die verbesserten Sätze in dein Heft. Die Wörter unten helfen dir dabei.

Oma **macht** einen guten Kuchen.

An Fasching **bin** ich eine Prinzessin.

Vera **sagt: „Tu** die Teller auf den Tisch!“

Lukas **tut** die Knallerbsen heimlich in seine Tasche.

Mutter **macht** sich die Haare für das Fest.

Ich **sage:** „Vorsicht, da kommt die Polonaise.“

Der Goldfisch **ist** im Wasserglas.

Oma **sagt: „Tu** noch etwas Zucker über die Erdbeeren!“

Der Hund **kommt** laut bellend hinter der Tür hervor.

Thilo **macht** den Werbeprospekt **auf.**

Dominic **tut** den Stuhl weg.

Samira **macht** die Schachtel auf.

Direkt an der Kreuzung **ist** das Partyhaus.

Nora **sagt:** „Ich habe solche Kopfschmerzen von dem Lärm!“

Vater **tut** ihm ein Pflaster auf die Wunde.

Der Opa **sagt:** „Verschwindet aus meinem Zimmer!“

Onkel Werner **macht** Holz für das Lagerfeuer.

sich verkleiden – rennen – rufen – verstecken – nehmen – backen – stehen – jammern – klagen – schreien – brüllen – schwimmen – aufschlagen – schieben – rücken – wegziehen – schimpfen – kämmen – hacken – legen – öffnen – streuen – kleben – geben – springen – stecken – frisieren – tragen

Einsetzen treffender Zeitwörter

Regelformulierung:

> Die Wörter **ist, sind, war, waren** beschreiben keine Tätigkeiten und sollen durch treffende Zeitwörter ersetzt werden.
> Beispiel: Im Wasser *ist* ein Fisch. Im Wasser *schwimmt* ein Fisch.

> Jetzt bist du der Lehrer. Für welche Wörter kannst du treffende Zeitwörter finden? Unterstreiche sie rot und schreibe daneben deinen Vorschlag.
>
> Auf dem Volksfest
>
> 1. Im Festzelt sind viele Menschen. ________________
> 2. Im Karussell sind viele Kinder. ________________
> 3. Neben dem Karussell ist eine Achterbahn. ________________
> 4. Tierschau: Ein Papagei ist im Käfig. ________________
> 5. Vor dem Riesenrad sind viele Menschen. ________________
> 6. Rings um den Festplatz sind viele Autos. ________________

Lösung: 1) sitzen 2) fahren 3)steht 4) sitzt 5) warten 6) parken

Reparaturwerkstatt

> Ersetze das Wort *gehen* durch treffende Zeitwörter.
>
> Im Vergnügungspark
>
> Gestern ging ich mit Martin in den Vergnügungspark. Dort haben wir viele aufregende Dinge erlebt. Wir gingen über einen dünnen Baumstamm zu einem Schiff. Danach mussten wir noch über einen Wassergraben gehen. Als Nächstes gingen wir eine steile Felswand hinauf, die zu einer Burg führte. Dort gingen wir durch einen niedrigen Geheimtunnel, der ins Innere der Burg ging. Plötzlich hörten wir ein seltsames Geräusch. Schnell gingen wir zum Ausgang zurück.

Lösung: fuhr – balancierten – springen – kletterten – krochen – führte – rannten

Aufregung auf dem Schulweg
Mische die Karten mit den Sätzen.
Wähle die Sätze mit treffenden Zeitwörtern aus und lege eine Geschichte.

Als ich gestern mit Florian zur Schule ging, ist uns etwas Aufregendes passiert.	Als ich gestern mit Florian zur Schule lief, ist uns etwas Aufregendes passiert.
Vor uns ging eine alte Frau die Straße enlang.	Vor uns spazierte eine alte Frau die Straße entlang.
Plötzlich kam ein Mann und nahm ihr die Handtasche aus der Hand.	Plötzlich rannte ein Mann vorbei und riss ihr die Handtasche aus der Hand.
Er lief schnell davon und die Frau rief aus Leibeskräften.	Er stürmte schnell davon und die Frau schrie aus Leibeskräften.
Doch als er um die Ecke laufen wollte, kam ihm ein Hund entgegen gelaufen und er stolperte.	Doch als er um die Ecke biegen wollte, kam ihm ein Hund entgegen gesprungen und er stolperte.
Schnell kamen einige Passanten und hielten ihn fest, bis die Polizei kam.	Schnell eilten einige Passanten herbei und hielten ihn fest, bis die Polizei eintraf.

Lernzielkontrolle

Name: ______________________	Datum: __________	KV 16

Der Ausflug

1. Verbessere diese Sätze und achte auf treffende Zeitwörter.

Petra fährt auf das Meer hinaus.

____

Anja geht über den Bach.

____

Paul geht von Stein zu Stein.

____

2. Verbessere die Geschichte. Streiche die Zeitwörter durch, die nicht so gut passen, und schreibe treffende Zeitwörter darunter.

Im Wald

Am Waldrand ist ein Reh. Der Förster geht leise zu seinem Hochsitz

____

und geht vorsichtig hinauf. Er sieht mit seinem Fernglas zum Reh. Da

____

ist ein Rehkitz daneben. Leise sagt er vor sich hin: „Das ist erst ein

____

paar Tage alt." Plötzlich kommen zwei Jungen aus dem Gebüsch

____

und sagen laut: „Jetzt haben wir euch!" Die beiden Rehe gehen

____

erschrocken zurück in den Wald. Die beiden Jungen sagen: „So ein

____

Mist!" Der Förster geht unbemerkt in die Nähe der beiden und sagt

____

plötzlich ganz laut: „Jetzt habe ich euch!" Die Jungen zucken zusam-

____

men und gehen schnell davon.

____

Von ___ Punkten hast du ___ erreicht. Note: ___

Unterrichtsanregungen: Stell-dir-vor-Geschichten (treffende Eigenschaftswörter)

Lernziel: Verwenden treffender Eigenschaftswörter

Material: Kopiervorlagen 17, 18 und Folie von Kopiervorlage 17

Voraussetzungen: Begriff „Eigenschaftswort“ (Adjektiv)
Übungen zur Auswahl passender Eigenschaftswörter

Einstieg
Die Lehrerin liest die beiden Texte von Kopiervorlage 17 vor, die Kinder äußern sich dazu.

Problemstellung: Warum gefällt dir die eine Geschichte besser als die andere?

Erarbeitung
Die Kinder lesen beide Teile still durch und sprechen mit ihrem Nachbarn darüber.
Im Gespräch wird festgestellt:
Text 1 ist langweiliger als Text 2. Die Kinder nennen Wörter von Text 2, die ihn interessant machen und erkennen, dass Text 2 viele Eigenschaftswörter enthält.
Partnerarbeit: Die Kinder unterstreichen die Eigenschaftswörter in Text 2; gemeinsame Kontrolle mit einer Folie.

Spracherkenntnis
Die Lehrerin liest satzweise beide Versionen noch einmal vor.
Die Kinder arbeiten heraus, dass durch die Eigenschaftswörter
- eine größere Spannung entsteht,
- der Leser aufmerksamer zuhört,
- anschaulicher beschrieben wird.

Regelformulierung und Tafelanschrift 1:

Treffende Eigenschaftswörter
Eigenschaftswörter machen eine Geschichte interessant.

Die Kinder schreiben den Eintrag in ihr Heft und kleben das Arbeitsblatt darunter.

Anwendung: Kopiervorlage 18

Name: ______________________	Datum: __________	KV 17

Stellt euch vor, auf einmal konnte ich fliegen

Geschichte 1

1 Heute renne ich nach Hause, weil meine Oma für mich kocht.
2 Ich eile vorwärts und hebe vom Boden ab.
3 Meine Klassenkameraden bleiben stehen und schauen mir hinterher.
4 Ich schwebe weiter.
5 Fliegen ist schön!
6 Da taucht eine Kirchturmspitze vor mir auf.
7 Hoffentlich fliege ich nicht dagegen, so wie der Wind mich vorwärtstreibt.
8 Plötzlich zieht es an meiner Jacke.
9 Ich drehe mich um.
10 Der Zeiger der Kirchturmuhr hat sich in meiner Jacke verfangen.
11 Mein Gewicht zieht ihn nach unten und die Glocken beginnen zu läuten.
12 Durch dieses Geräusch wache ich auf.
13 Schade, es war nur ein Traum!

Geschichte 2

1 Heute renne ich schnell nach Hause, weil meine Oma für mich kocht.
2 Ich eile hastig vorwärts und hebe vom sicheren Boden ab.
3 Meine Klassenkameraden bleiben verdutzt stehen und schauen mir bewundernd hinterher.
4 Ich schwebe unaufhaltsam weiter.
5 Fliegen ist schön!
6 Da taucht eine hohe Kirchturmspitze vor mir auf.
7 Hoffentlich fliege ich nicht dagegen, so schnell wie der starke Wind mich vorwärtstreibt.
8 Plötzlich zieht es heftig an meiner Jacke.
9 Entsetzt drehe ich mich schnell um.
10 Der große Zeiger der Kirchturmuhr hat sich in meiner Jacke verfangen.
11 Mein Gewicht zieht ihn nach unten und die großen Glocken beginnen zu läuten.
12 Durch dieses laute Geräusch wache ich erschrocken auf.
13 Schade, es war nur ein aufregender Traum!

Name: ______________________ KV 18

Stell dir vor, du bist ein Wanderschuh

1 An einem Wochenende im Mai holt mich Herr Fuß aus dem Keller.
2 Er will mit mir auf einen Berg.
3 Dort laufen wir einen Weg entlang und kommen an einem Bach vorbei.
4 Ich muss durch das Wasser und stoße mich an einem Stein.
5 Wir wandern drei Stunden, bis wir das Gipfelkreuz erreichen.

Lies die Geschichte aufmerksam durch und setze passende Eigenschaftswörter ein.

1 An einem ________________ Wochenende im Mai holt mich Herr Fuß aus dem ______________________ Keller.
2 Er will mit mir auf einen ___________________ Berg.
3 Dort laufen wir einen __________________ Weg entlang und kommen an einem ______________________ Bach vorbei.
4 Ich muss durch das ___________________ Wasser und stoße mich an einem ___________________ Stein.
5 Wir wandern drei ___________________ Stunden, bis wir das ___________________ Gipfelkreuz erreichen.

Lösungsvorschlag:
schönen – dunklen – hohen – schmalen – klaren – eiskalte – spitzen – lange – riesige

Weitere Übungen

Lückentext

Differenzierung: Die Kinder setzen die fehlenden Wörter mit oder ohne Vorgabe ein.

1. Philipp blickt ________________ auf sein gelungenes Bild.
2. Vanessa bedankt sich ________________ für das Geschenk.
3. Leonard schwimmt im ________________ Wasser.
4. Der Kaktus ist eine ________________ Pflanze.
5. Ines flüstert Kai ________________ ein Geheimnis ins Ohr.
6. Der ________________ Affe schwingt von Ast zu Ast.
7. Das ________________ Licht blendet mich.
8. Der Hund bellt Klara ________________ an.
9. Wir spazieren durch den ________________ Park.
10. Jessica fürchtet sich vor dem ________________ Keller.

Mögliche Lösungswörter:

stolz – kalt – wütend – lustig – stachelig – dunkel – leise – grün – herzlich – grell – glücklich – groß – hell

Eigenschaften von Tieren

Die Kinder ordnen den Tieren passende Eigenschaften zu und bilden selbstständig Sätze.

gefährlich – ängstlich – lustig	Elefant – Löwe – Maus – Affe – Zebra
langsam – klein – dick – faul – schnell	Bär – Giraffe – Schnecke – Schildkröte
stark – groß – lang – gutmütig – schlank – gestreift – bunt – schlau – bissig – verspielt	Papagei – Krokodil – Schlange – Nilpferd – Fuchs

Beispiel:
ängstlich – Maus: Die Maus spitzt ängstlich aus ihrem Mäuseloch heraus.
Differenzierung: Ausgewählte Zeitwörter und Ortsangaben vorgeben.

Name: ______________________ KV 19

Beim Zelten

Marie-Luise war mit ihrer Klasse beim Zelten. Als es dunkel wurde, kuschelten sich alle Kinder in ihren ____________ Schlafsack. Plötzlich hörte Marie-Luise ein ______________ Geräusch. Ihr Herz begann ________________ zu pochen. ____________ lauschte sie in die __________________ Nacht hinaus. Da hörte sie das ______________ Geräusch wieder. Die anderen Kinder im Zelt schienen nichts zu bemerken und atmeten ____________ und ______________. Voller Panik weckte sie ____________ ihre Freundin und sagte mit ______________ Stimme: „Da draußen ist etwas!" …

1) Setze treffende Eigenschaftswörter in die Lücken ein:
   warm – krächzend – wild – aufgeregt – gleichmäßig – bebend – laut – leise – ängstlich – seltsam – unheimlich – schrecklich – ruhig – erschrocken – dunkel

2) Wie könnte die Geschichte enden? Schreibe sie auf.

____

____

____

____

____

____

____

____

Lösungsvorschlag: warmen – seltsames – laut – Ängstlich – dunkle – unheimliche – ruhig – gleichmäßig – aufgeregt – bebender

Reparaturwerkstatt

Bei Familie Schön

Tausche die Eigenschaftswörter aus und schreibe die Sätze in dein Heft.

---

1. Familie Schön wohnt in einem schönen Haus.
   billigen – romantischen – traumhaften
2. Anna-Lena hat ein schönes Fensterbild gebastelt.
   großes – neues – farbenfrohes
3. Sie liest ein schönes Buch.
   spannendes – dickes – lustiges
4. Gestern fand Anna-Lena es auf dem Spielplatz schön.
   abenteuerlich – laut – spannend
5. Herr Schön trägt immer einen schönen Anzug.
   eleganten – dunklen – schicken
6. Natürlich fährt Herr Schön auch ein schönes Auto.
   schnelles – buntes – lautes
7. Frau Schön hat sich schöne Schuhe gekauft.
   sportliche – moderne – teure

Name: ______________________ KV 20

Stell dir vor, ein Ufo landet hinter dem Schulhaus

Lies die Geschichte aufmerksam durch. Schreibe auf die Zeile darunter treffende Eigenschaftswörter.

1 Während wir gerade in der Schule etwas schreiben, hören wir ein Geräusch.

____

2 Alle Kinder rennen zum Fenster und erblicken ein Ufo.

____

3 Plötzlich öffnet sich die Tür des Ufos.

____

4 Ein Männchen kommt heraus und schaut sich um.

____

5 Es steigt die Treppe hinunter und geht auf die Schule zu.

____

6 Da schießt ein Hund um die Ecke und springt es an.

____

7 Das Männchen rennt zum Ufo zurück und fliegt davon.

____

Von ___ Punkten hast du ___ erreicht. Note: ___

Lösungsvorschlag:
seltsames Geräusch – rennen *schnell* – *blinkendes* Ufo – *quietschend* die *kleine* Tür des *glänzenden* Ufos – *grünes* Männchen kommt *langsam* – schaut sich *neugierig* um – steigt *vorsichtig* – geht *zögernd* – *bellender* Hund – *kleine* Männchen rennt *schnell* – fliegt *rasch*

Kombinierte Lernzielkontrolle

Name: ______________________ Datum: __________ KV 21

1. Lies die Geschichte aufmerksam durch.
2. Setze treffende Zeitwörter und treffende Eigenschaftswörter ein. Verwende dabei dein Wörterbuch.
3. Schreibe die verbesserte Geschichte auf den Block.

Spuk im Schloss

Florian ging ______________________ nachts von zu Hause weg, weil er um Mitternacht im Schloss sein wollte. Er ging ______________________ durch den ______________________ Wald. Um Mitternacht erreichte er das ______________________ Schloss. Leise ging ______________________ er durch das ______________________ Gebäude. Da! Er sah ______________________, wie sich eine ______________________ Truhe öffnete. Florian sah ein ______________________ Gespenst herauskommen. Es ging ______________________ direkt auf ihn zu und machte mit seinen ______________________ Ketten einen ______________________ Krach. Es machte ______________________ eine ______________________ Truhe auf und holte einen ______________________ Kerzenleuchter hervor. Dann machte es einen ______________________ Knall und das Gespenst war verschwunden. ______________________ ging ______________________ Florian heim.

Du hast von ___ Punkten ____ erreicht. Note: ___

Lösungsvorschlag:

Florian *schlich heimlich* nachts von zu Hause weg, weil er um Mitternacht im Schloss sein wollte. Er *rannte schnell* durch den *dunklen* Wald. Um Mitternacht erreichte er das *riesige* Schloss. Leise *schlich* er durch das *alte* Gebäude. Da! Er *beobachtete,* wie sich eine *hölzerne* Truhe öffnete. Florian sah ein *gruseliges* Gespenst herauskommen. Es *schwebte* direkt auf ihn zu und machte mit seinen *rostigen* Ketten einen *großen* Krach. Es *öffnete* eine *schwere* Truhe und holte einen *silbernen* Kerzenleuchter hervor. Dann hörte man einen *lauten* Knall und das Gespenst war verschwunden. *Zitternd rannte* Florian heim.

Varianten:

- Die Kinder erfinden eine Überschrift.
- Sie schreiben die Geschichte selbst zu Ende, z. B. ab dem Satz: „Es öffnete eine schwere Truhe…“

1.4 Die passende Zeitstufe

Vorbemerkung

Die Auswahl der Zeitstufe hängt vom jeweiligen Text ab. So stehen z. B. Beschreibungen in der Gegenwart, weil sie allgemeingültig sind. Bei unterhaltenden Texten dagegen wird die erste Vergangenheit, die Erzählzeit, verwendet, weil die geschilderten Ereignisse bereits vergangen sind. Bei der Regelformulierung (s. u.) lässt sich dies individuell ergänzen.

Unterrichtsanregungen

Lernziel: Einhalten der Zeitstufe des Zeitwortes (Verb) innerhalb einer Geschichte

Material: Tafelanschrift, Text auf Folie

Einstieg

Die Lehrerin liest den Kindern folgende Geschichte auf Folie vor:

> Laura und Daniel spielten nachmittags auf der Wiese hinter ihrem Haus Fußball. Nach einem tollen Schuss von Daniel flog der Ball bis ins Wäldchen hinein. Schnell rennen ihm beide hinterher. Aber wo ist er geblieben? Laura sucht am Waldrand, Daniel kriecht durchs Gebüsch. Plötzlich sah Daniel etwas glitzern. Als sie näher kommen, sehen sie jedoch, dass es nur eine alte Blechdose ist. Enttäuscht traten sie den Rückweg an. Aber was war das? Da liegt ihr Ball ja, mitten auf dem Weg. Glücklich liefen sie zurück zur Wiese.

Erarbeitung

Die Kinder stellen fest, dass der Text in verschiedenen Zeitformen geschrieben ist. Sie unterstreichen die Zeitwörter auf der Folie, nennen die richtige Lösung und die folgende Regel (Tafelanschrift 1):

> *Einheitliche Zeitstufe*
>
> Ich verwende in meiner Geschichte nur eine Zeitstufe.

Anwendung

Die Kinder verbessern die Geschichte und schreiben sie in der ersten Vergangenheit in ihr Heft.

Weitere Übungen

Gegenwart wird zu Vergangenheit

Setze die Zeitwörter (Verben) in die erste Vergangenheit und erfinde einen passenden Schluss zur Geschichte.

Im Supermarkt

Svante legt das Paket Spagetti in den Korb. Er geht auf die Kasse zu. Plötzlich fällt ihm ein, dass er sich ja die neuen Autos angucken wollte. Er läuft zum Spielzeugregal. Dort steht ein großer brauner Karton voller Autos. Svante sieht einen grünen, schnittigen Porsche. So einen will ich, denkt er aufgeregt.
Er befühlt die Räder. Sie sind aus weichem Gummi.
Das Auto rollt leicht und leise auf dem Fußboden. Aber Svante hat kein Geld. Nur Mamas Geld. Davon kann er nichts nehmen.
Und da tut Svante etwas, was er noch nie getan hat.
Dann stellt Svante sich bei der Kasse an.
Er legt die Spagetti auf das Rollband. An der Kasse sitzt eine Frau mit vielen blonden Locken. „Ist das alles?“, fragt sie und starrt Svante an. Jedenfalls kommt es Svante so vor.
Denn Svante ist ein Dieb. Der Dieb hat ein teures Auto gestohlen. Es steckt in seiner Tasche.
„Ist das alles?“, wiederholt die Frau gereizt.
Svante guckt sie an und schluckt.
„Nein, ich hab was vergessen.“
Er rennt zurück zum Spielzeugregal.

Anders Jacobsson/Sören Olsson

Originalschluss für die Lehrerin:

Da steht dieser doofe Karton und grinst Svante höhnisch an. Svante gräbt in seiner Jackentasche. Dann wirft er das grüne Auto in den Karton zurück.
Er läuft wieder zur Kasse.
„Wolltest du nicht noch etwas haben?“, fragt die Frau mit den Locken.
„Nein“, antwortet Svante.
„Ich hab mir's anders überlegt.“

(Aus: *Anders Jacobsson/Sören Olsson,* Svante macht Sachen. © Verlag Friedrich Oetinger. Hamburg)

Name: ______________________	Datum: __________	KV 22

Drei Kranzkuchen und ein Kringel

Lies den Lückentext genau durch. Setze dann die Zeitwörter in der richtigen Zeitstufe ein.

Ein Bauer __________ (haben) einen Wolfshunger. Er __________ (kaufen) einen großen Kranzkuchen und ______________(essen) ihn auf. Er ______________ (verspüren) immer noch Hunger. Er ____________________ (holen) sich noch einen Kranzkuchen und ____________________ (verspeisen) auch den. Und immer noch _____________ (haben) er Hunger. Er ____________ (erstehen) einen dritten und _______________ (verschlingen) ihn ebenfalls. Und auch jetzt ________________ (sein) Hunger nicht gestillt. Da _______________ (kaufen) er sich Kringel. Und kaum __________ (haben) er den ersten ___________ (essen), ___________(sein) er satt.

Der Bauer __________________ (schlagen) sich an den Kopf und ______________ (sagen): „Was ____________ (sein) ich doch für ein Narr! Nun _____________ (haben) ich ganz umsonst das Geld für die Kranzkuchen ________________________ (hinauswerfen). Mit dem einen Kringel hätte ich anfangen sollen!“

Leo N. Tolstoi

(*Leo N. Tolstoi,* Drei Kranzkuchen und ein Kringel. Ensslin und Laiblin Verlag. Reutlingen o. J.).

Original für die Lehrerin:

Drei Kranzkuchen und ein Kringel

Ein Bauer hatte einen Wolfshunger. Er kaufte einen großen Kranzkuchen und aß ihn auf. Er hatte immer noch Hunger. Er kaufte noch einen Kranzkuchen und aß auch den. Und immer noch hatte er Hunger. Er kaufte einen dritten und aß ihn ebenfalls. Und auch jetzt war sein Hunger nicht gestillt. Da kaufte er sich Kringel. Und kaum hatte er den ersten gegessen, war er satt.
Der Bauer schlug sich an den Kopf und sagte: „Was bin ich doch für ein Narr! Nun habe ich ganz umsonst das Geld für die Kranzkuchen hinausgeworfen. Mit dem einen Kringel hätte ich anfangen sollen."

Leo N. Tolstoi

Reparaturwerkstatt

Schreibe die Geschichte in der Vergangenheit auf.

Die Geschichte vom kleinen Seehund
Einmal will eine Seehundsmutter ihren kleinen Seehund nicht ins Wasser lassen. Sie hat Angst. Das Meer ist doch so groß, und der Seehund ist so klein.
Aber alle anderen kleinen Seehunde können schon schwimmen. Sie lassen sich von den Wellen schaukeln und spielen im Wasser. Nur der eine kleine Seehund muss immer ganz alleine im Sand liegen und sich füttern lassen. Er langweilt sich, und von dem Fressen und Faulsein wird er so dick wie ein Fußball.
Da kommt ein Wind, und hohe Wellen schlagen auf den Strand. Die Seehundsmutter will ihren kleinen Seehund schnell auf den Sandberg bringen. Aber er ist schon viel zu dick, er kann kaum noch watscheln. Die Mutter muss ihn mit der Schnauze vor sich her schieben. Und als sie beide endlich oben sind, kugelt der kleine Seehund wieder hinunter, weil er so rund ist. Er rollt vom Sandberg und fällt ins Wasser.
Zuerst ist er sehr erschrocken. Er prustet und platscht und schnauft und strampelt. Und dann schwimmt er los! Die Wellen schaukeln ihn auf und ab, und der kleine Seehund quietscht vor Vergnügen.
Die Seehundsmutter will ihn sofort wieder zurückholen. Aber sie kann ihn nicht mehr finden. Im Gesicht sieht er doch genauso aus wie alle anderen kleinen Seehunde, und seinen dicken Bauch kann man im Wasser nicht erkennen.

nach Ursula Wölfel

Originalfassung für die Lehrerin:

Die Geschichte vom kleinen Seehund

Einmal wollte eine Seehundsmutter ihren kleinen Seehund nicht ins Wasser lassen. Sie hatte Angst. Das Meer war doch so groß, und der Seehund war so klein.

Aber alle anderen kleinen Seehunde konnten schon schwimmen. Sie haben sich von den Wellen schaukeln lassen und im Wasser gespielt. Nur der eine kleine Seehund musste immer ganz alleine im Sand liegen und sich füttern lassen. Er hat sich gelangweilt, und von dem Fressen und Faulsein ist er so dick wie ein Fußball geworden.

Da ist ein Wind gekommen, und hohe Wellen sind auf den Strand geschlagen. Die Seehundsmutter wollte ihren kleinen Seehund schnell auf den Sandberg bringen. Aber er war schon viel zu dick, er konnte kaum noch watscheln. Die Mutter musste ihn mit der Schnauze vor sich her schieben. Und als sie beide endlich oben waren, ist der kleine Seehund wieder hinuntergekugelt, weil er so rund war. Er ist vom Sandberg gerollt und ins Wasser gefallen.

Zuerst war er sehr erschrocken. Er hat geprustet und geplatscht und geschnauft und gestrampelt.

Und dann ist er losgeschwommen! Die Wellen haben ihn auf und ab geschaukelt, und der kleine Seehund hat vor Vergnügen gequietscht.

Die Seehundsmutter wollte ihn sofort wieder zurückholen. Aber sie konnte ihn nicht mehr finden. Im Gesicht hat er doch genauso ausgesehen wie alle anderen kleinen Seehunde, und seinen dicken Bauch konnte man im Wasser nicht erkennen.

Hinweis für die Lehrerin: Je nach Unterrichtssituation können die Kinder den Text ins Imperfekt oder Perfekt übertragen.

> Setze die Beschreibung in die Gegenwart und schreibe sie auf.
>
> *So wird ein Futterhäuschen gebaut*
>
> Eine Gemüsekiste wurde zunächst außen herum mit aufgeschnittenen Plastiktüten beklebt. Dann wurden Fichtenzweige und Strohhalme mit Klebstoff bestrichen und am Dach, an den Seitenwänden und an der Rückwand aufgedrückt. Den Boden legte man innen mit Kartonstreifen aus und bemalte die Innenseiten mit brauner und grauer Farbe. In die vier Ecken des Daches wurden Nägel eingeschlagen und Schnüre daran befestigt. Diese wurden an einen Ast oder Nagel geknüpft.

(Aus: *Reinhold Wagner,* Formen schriftlichen Sprachgestaltens. Prögel Praxis 78, Oldenbourg Schulbuchverlag. München 1997)

Lösung für die Lehrerin:

So wird ein Futterhäuschen gebaut
Eine Gemüsekiste wird zunächst außen herum mit aufgeschnittenen Plastiktüten beklebt. Dann werden Fichtenzweige und Strohhalme mit Klebstoff bestrichen und am Dach, an den Seitenwänden und an der Rückwand aufgedrückt. Den Boden legt man innen mit Kartonstreifen aus und bemalt die Innenseiten mit brauner und grauer Farbe. In die vier Ecken des Daches werden Nägel eingeschlagen und Schnüre daran befestigt. Diese werden an einen Ast oder Nagel geknüpft.

1.5 Einleitung – Hauptteil – Schluss

Unterrichtsanregungen (Einleitung – Hauptteil – Schluss)

Lernziele: Wecken des Leserinteresses durch die Einleitung
Darstellen der Geschichte mit Spannungsaufbau zum Höhepunkt hin
Abrunden der Geschichte durch einen kurzen Schluss

Material: Kopiervorlage 23 als Arbeitsblatt und Folie, drei weitere Folien, Tafelanschrift, Heft

Einstieg
Je zwei Kinder erhalten Kopiervorlage 23, lesen die Textteile durch und setzen sie zu einer Geschichte zusammen. Nach dem gemeinsamen Lesen berichten die Kinder, woran sie die Reihenfolge erkannt haben.

KV 23

Text 1

Zuweilen ist es sehr nett, im selben Zimmer zu schlafen wie die Brüder. Aber nur zuweilen. Es war nett, wenn wir abends im Bett lagen und uns Spukgeschichten erzählten. Lasse weiß so schreckliche Spukgeschichten, dass ich immer lange, lange hinterher den Kopf unter das Deckbett stecken muss.

Text 2

Eines Abends hatte Lasse so eine gräuliche Spukgeschichte von einem Gespenst erzählt, das in einem Haus umherging und alle Möbel umstellte. Ich hatte solche Angst, dass ich dachte, ich würde sterben. Es war schon beinah ganz dunkel im Zimmer und mein Bett stand weit entfernt von Lasses und Bosses Bett. Und da, plötzlich begann ein Stuhl, hin und her zu rutschen. Ich dachte, das Gespenst wäre in unser Haus gekommen und begänne, die Möbel umzustellen, und da schrie ich, so laut ich konnte.

Text 3

Gleich darauf hörte ich Lasse und Bosse in ihren Betten kichern. Und da hatten sie doch einen Bindfaden am Stuhl festgebunden und lagen jeder in seinem Bett und zogen an dem Bindfaden, dass der Stuhl hüpfte! Das sah ihnen ähnlich. Zuerst wurde ich furchtbar wütend, aber dann musste ich doch lachen.

(Aus: *Astrid Lindgren,* Die Kinder aus Bullerbü. © Verlag Friedrich Oetinger. Hamburg)

Erarbeitung
Die Lehrerin zeigt drei Wortkarten (Folie) | Einleitung | | Hauptteil | | Schluss |, die die Kinder den entsprechenden Textteilen zuordnen.

Tafelanschrift 1:

Eine Geschichte besteht aus Einleitung, Hauptteil und Schluss.

Folie 1 zum Erarbeiten des Begriffs „Einleitung"

Einleitung 1
Zuweilen ist es sehr nett, im selben Zimmer zu schlafen wie die Brüder.

Einleitung 2
Zuweilen ist es sehr nett, im selben Zimmer zu schlafen wie meine beiden größeren Brüder Lasse und Bosse. Aber nur zuweilen. Meistens war es sehr nett, wenn wir abends im Bett lagen und noch miteinander quatschten und uns schaurige Spukgeschichten erzählten. Lasse und Bosse lagen in ihrem Stockbett, Lasse oben, Bosse unten. Sobald das Licht aus war und Mutter uns Gute Nacht gesagt hatte, fing Lasse an zu erzählen. Er weiß so schreckliche Spukgeschichten, dass ich immer lange, lange hinterher den Kopf unter das Deckbett stecken muss, weil ich mich wirklich fürchte und mich erst wieder beruhigen muss.

Einleitung 3
Zuweilen ist es sehr nett, im selben Zimmer zu schlafen wie die Brüder. Aber nur zuweilen. Es war nett, wenn wir abends im Bett lagen und uns Spukgeschichten erzählten. Lasse weiß so schreckliche Spukgeschichten, dass ich immer lange, lange hinterher den Kopf unter das Deckbett stecken muss.

Die Kinder lesen die drei Textabschnitte durch und vergleichen sie miteinander. Sie erkennen, dass die Einleitung 1 zu knapp formuliert, Einleitung 2 zu ausführlich geschrieben ist und Einleitung 3 am besten zur Geschichte hinführt.
Sie überlegen sich, welche Aufgaben die Einleitung hat und wie sie aufgebaut ist:

- Sie informiert den Leser, wann und wo die Geschichte spielt und wer daran beteiligt ist.
- Sie weckt das Interesse des Lesers, nimmt aber keine Spannung vorweg.
- Sie ist knapp gehalten.

Regelformulierung 1 und Tafelanschrift 2:

> *Einleitung – Hauptteil – Schluss*
>
> Ich schreibe die Einleitung kurz und lebendig. Sie soll das Interesse des Lesers wecken und zum Thema führen.

Folie 2 zum Erarbeiten des Begriffs „Hauptteil“:

> Hauptteil 1
> Eines Abends hatte Lasse so eine gräuliche Spukgeschichte von einem Gespenst erzählt, das in einem Haus umherging und alle Möbel umstellte. Ich hatte solche Angst, dass ich dachte, ich würde sterben. Es war schon beinah ganz dunkel im Zimmer und mein Bett stand weit entfernt von Lasses und Bosses Bett. Und da, plötzlich begann ein Stuhl hin und her zu rutschen. Ich dachte, das Gespenst wäre in unser Haus gekommen und begänne die Möbel umzustellen und da schrie ich, so laut ich konnte.
>
> ---
>
> Hauptteil 2
> Eines Abends hatte Lasse so eine gräuliche Spukgeschichte von einem Gespenst erzählt. Ich hatte solche Angst. Mein Bett stand weit entfernt von Lasses und Bosses Bett. Ich dachte, das Gespenst wäre in unser Haus gekommen und begänne die Möbel umzustellen und da schrie ich, so laut ich konnte.
>
> ---
>
> Hauptteil 3
> Lasse erzählte eine Spukgeschichte von einem Gespenst, das in einem Haus umherging und alle Möbel umstellte. Bosse und ich lagen ruhig in unseren Betten und warteten ab, wie die Geschichte ausging. Es war dunkel im Zimmer und mein Bett stand weit entfernt von Lasses und Bosses Bett. Als die Geschichte zu Ende war und ich gerade einschlafen wollte, dachte ich, das Gespenst ginge durch unser Haus und begänne die Möbel umzustellen und ich schrie ganz laut.

Die Kinder lesen die drei Textabschnitte durch und vergleichen sie miteinander. Die erkennen, dass Hauptteil 1 anschaulich und spannend bis zum Höhepunkt erzählt ist. Hauptteil 2 ist zu knapp formuliert und wichtige Informationen fehlen. Hauptteil 3 ist ohne richtigen Höhepunkt und langweilig geschrieben.

Die Kinder überlegen sich, welche Aufgaben der Hauptteil hat und wie er aufgebaut ist:

- Er beschreibt die Ereignisse ausführlich, genau und in der richtigen Reihenfolge.
- Die Spannung steigt immer mehr, bis zum Höhepunkt.
- Es ist der längste und wichtigste Teil der Geschichte.

Regelformulierung 2 und Tafelanschrift 3:

> Ich erzähle anschaulich und lebendig den Inhalt und steigere die Spannung bis zum Höhepunkt.

Folie 3 zum Erarbeiten des Begriffs „Schluss“:

> Schluss 1
> Mir kam die Zeit ewig vor, bis ich Lasse und Bosse in ihren Betten kichern hörte. Ich konnte es nicht fassen, was diese beiden sich ausgedacht hatten. Sie kamen auf die Idee, einen Bindfaden am Stuhl festzubinden. Was ich nicht ahnte, jeder lag in seinem Bett und zog an dem Bindfaden, dass der Stuhl sich bewegte und durchs ganze Zimmer hüpfte! Das sah meinen großen Brüdern wirklich ähnlich, mir so einen Streich zu spielen. Zuerst wurde ich furchtbar wütend, aber dann musste ich doch lachen.
>
> ---
>
> Schluss 2
> Gleich darauf hörte ich Lasse und Bosse in ihren Betten kichern. Und da hatten sie doch einen Bindfaden am Stuhl festgebunden und lagen jeder in seinem Bett und zogen an dem Bindfaden, dass der Stuhl hüpfte! Das sah ihnen ähnlich. Zuerst wurde ich furchtbar wütend, aber dann musste ich doch lachen.
>
> ---
>
> Schluss 3
> Gleich darauf hörte ich Lasse und Bosse in ihren Betten kichern.

Die Kinder lesen die drei Textabschnitte durch und vergleichen sie miteinander. Sie erkennen, dass Schluss 1 viel zu ausführlich geschrieben ist. Schluss 2 erzählt kurz, wie die Geschichte ausgeht. Schluss 3 ist zu kurz geschrieben, ein Abschluss der Geschichte fehlt.
Die Kinder überlegen sich, welche Aufgaben der Schluss hat und wie er aufgebaut ist:

- Er ist knapp formuliert und rundet die Geschichte ab.
- Er erzählt, wie die Geschichte ausgeht.

Regelformulierung 3 und Tafelanschrift 4:

> In einem kurzen Schluss erzähle ich, wie die Geschichte ausgeht.

Die Kinder schreiben die drei Regeln in ihr Heft und kleben die Geschichte darunter ein.

Anwendung
Die Kinder erhalten Textteile und ordnen sie nach Einleitung, Hauptteil und Schluss.

KV 24

Text 1

> An einem schönen Sommertag spielt Herr Rot mit seinen Söhnen Marcel und Peter im Garten Indianer. Gemeinsam bauen sie ein Indianerzelt auf und errichten eine Feuerstelle. Und schon beginnt das Spiel.

Text 2

> Herr Rot versteckt sich hinter einem Strauch, damit die Indianer Lange Feder und Waches Auge ihn suchen können. In der warmen Sommersonne wird Herr Rot müde, die Augen fallen ihm zu und er schläft ein. Im hohen Gras sieht man plötzlich eine rote und eine blaue Feder. Das können nur die Indianer sein! Sie schleichen sich leise an den Strauch heran. Still! Da ist etwas zu hören! Ch, ch, ch. Durch lautes Indianergeheul wird Vater geweckt.

Text 3

> Lange Feder und Waches Auge nehmen ihn gefangen, schleppen ihn in ihr Zelt und erklären ihm, was er für seine Freilassung tun muss. Lachend holt Herr Rot eine Riesenportion Eis aus dem Haus.

Im Anschluss spielen die Kinder die Geschichte vor. Dabei wird deutlich, dass der Hauptteil sich besonders gut zum Spielen eignet, da sich an dieser Stelle gut Gefühle, Stimmungen, Aussagen und Tätigkeiten der Personen einbringen lassen.

Weitere Übungen

Übungen zur Überschrift

Die Lehrerin liest den Kindern die folgende Geschichte vor, ohne Überschrift:

> Lea ist eine richtige Langschläferin. Besonders am Wochenende liegt sie gerne lange im Bett. Dagegen fällt es ihr wirklich schwer, während der Woche aufzustehen, wenn sie in die Schule gehen soll.
> Die Mutter kommt ins Zimmer. „Lea, steh endlich auf, du musst zur Schule!", drängt sie. „Oder bist du etwa krank?" – „Ja, Mama, ich glaube, ich bin krank. Mir tut alles weh: Meine Nase, meine Ohren, mein Hals und sogar mein rechter Fuß." – „Dann bleibst du besser im Bett. Schade! Denn heute Nachmittag wollten wir doch ins Freizeitbad fahren." – „Du, Mama", brummt Lea, „ich glaube, ich bin schon wieder gesund."

Die Lehrerin schreibt mögliche Überschriften an die Tafel, z. B.:
Die eingebildete Kranke, die kurze Krankheit, der geplante Ausflug, die Langschläferin, warum Leas Zehe weh tat, Lea und ihre Mutter.
Gemeinsam überlegen die Kinder, welche Überschrift besonders gut zur Geschichte passt und begründen ihre Auswahl. Danach begutachten sie die übrigen Überschriften und begründen, weshalb sie nicht so gut zur Geschichte passen.
Bewerten der Überschriften:
Die eingebildete Kranke: Die Überschrift macht neugierig, passt zur Geschichte und verrät nicht zu viel.
Die kurze Krankheit: Die Überschrift verrät den Ausgang der Geschichte.
Der geplante Ausflug: Die Überschrift passt nicht zur Geschichte.
Die Langschläferin: Die Überschrift trifft nicht den Kern der Geschichte.
Warum Leas Zehe wehtat/Lea und ihre Mutter: Diese Überschriften sind zu allgemein.
Gemeinsam erarbeiten die Lehrerin und die Kinder die Regel.

Regelformulierung und Tafelanschrift:

> *Passende Überschrift*
>
> Eine passende Überschrift soll den Leser neugierig machen, aber nicht den Ausgang der Geschichte verraten.

- Diese Regel wenden die Kinder bei jeder beliebigen, von ihnen geschriebenen Geschichte an.

- Gemeinsam liest die Klasse Texte im Lesebuch und überprüft kritisch die verwendeten Überschriften und findet eventuell passendere.
- Die Lehrerin gibt den Kindern einen Text mit mehreren Überschriften, von denen sie eine auswählen.
- Die Kinder erfinden selbst Überschriften zu Bildergeschichten, und zu kopierten oder selbst verfassten Texten.

Übungen zur Einleitung

- Die Kinder erhalten eine Bildergeschichte, deren erstes Bild fehlt. Sie überlegen sich eine Einleitung dazu und schreiben sie auf.

Hinweis für die Lehrerin: Beim Kopieren das erste Bild abdecken.

Wie könnte die Geschichte anfangen? Erfinde eine passende Einleitung und schreibe sie auf.

- Die Kinder erhalten einen Text ohne Einleitung und schreiben diese auf.

Kilian guckt aus dem Fenster. „Es gibt ein Gewitter! Es blitzt schon!“, ruft er. „Das ist nur ein Wetterleuchten“, sagt Bert und zieht sich die Decke über den Kopf. Aber da donnert es schon.
„Schnell! Mach das Fenster zu!“, ruft Kilian.
Bert rennt zum Fenster, wirft es zu und springt wieder in sein Bett. Nun macht ein greller Blitz das Zimmer hell, der Donner kracht und Kilian schreit: „Bert! Komm zu mir!“
„Das Gewitter ist noch weit entfernt“, sagt Bert.
Seine Stimme zittert. Er tastet sich zu Kilians Bett und setzt sich auf das Fußende. Er legt den Kopf auf die Knie und macht die Augen zu, damit er die Blitze nicht sehen muss.
Aber sie leuchten durch seine geschlossenen Augenlider.
Bei jedem Donnerschlag zuckt er zusammen. Kilian kriecht näher zu Bert.
Der streichelt seinen Rücken und sagt: „Du brauchst keine Angst zu haben. Ich bin doch bei dir.“
„Bitte, hol eine Taschenlampe!“, sagt Kilian. „Vielleicht schlägt der Blitz in die Stromleitung.“

Bert läuft in die Küche. Blitz und Donner kommen ihm hier noch schrecklicher vor. Er findet die Taschenlampe aber nicht. Vielleicht ist sie im Wohnzimmer?
Er rennt und stolpert über einen Stuhl.
Er stößt mit dem nackten Zeh an ein Tischbein.
„Wo bleibst du so lange?“, ruft Kilian.
„Dummerchen!“, sagt Bert. Seine Hände zittern so sehr, dass das Licht der Taschenlampe unruhig flackert.
Nun regnet es draußen. Es blitzt nicht mehr so oft.
Der Donner wird schwächer. Das Gewitter zieht fort.
Nur der Regen rauscht.
„Hast du gar keine Angst gehabt?“, fragt Kilian.
Bert löscht die Taschenlampe. „Ich habe schreckliche Angst gehabt“, sagt er.

nach Ursula Wölfel

(nach: *Ursula Wölfel,* Angst und Mut. In: Wunderbare Sachen. © Cornelsen Verlag, Berlin.)

Lies die Geschichte durch und denke dir eine passende Einleitung aus.

Originale Einleitung für die Lehrerin: Angst und Mut
Bert und Kilian sind allein zu Hause. Eigentlich sollten sie jetzt schon schlafen. Aber es ist so schwül. Sie liegen in ihren Betten und erzählen sich etwas. Ganz plötzlich wird es dunkel.

Übungen zum Hauptteil

- Die Kinder erhalten eine Bildergeschichte, die nur das erste und das letzte Bild zeigt. Sie überlegen sich einen passenden Hauptteil und schreiben ihn auf.

Das ging noch einmal gut

Knicke zuerst den unteren Teil des Blattes beim dicken Strich um.

Mit welchen Sätzen kannst du die beiden Bilder verbinden?
Klappe das Blatt auf, wenn du nicht weiterkommst.

Hilfen:
Was könnte das Kind denken, fühlen, tun und sagen? Beschreibe genau.
Wohin könnte der Vogel geflogen sein? Beschreibe genau.
Was könnte er erlebt haben? Erzähle.
Steigere die Spannung und arbeite den Höhepunkt heraus.

Esmeraldas erster Auftritt

Einleitung

Es war Esmeraldas erster großer Auftritt im Zirkus.
Als sich der große, rote Samtvorhang einen Spalt öffnete kam, nein, tänzelte sie herein. Ihr Körper schillerte grünlich und geheimnisvoll im Halbdunkel der Lampen.

Hauptteil

Trapez? Kapelle spielt Scheinwerfer? gespannte Zuschauer
atemberaubender Flug? Sturzflug

Schluss

Applaus brauste auf.
Für Esmeralda?
Nein, für die drei Clowns, die eben in die Manege purzelten.
Esmeraldas Kunststücke hatte überhaupt niemand beachtet. Für eine Zirkusnummer war sie um einige Nummern zu klein.
Esmeralda war nur eine ganz gewöhnliche grün schillernde Fliege. Sie hatte sich aus Versehen vom Pferdestall ins Zirkuszelt verirrt.

Hauptteil für die Lehrerin:

Sie schwebte leise summend auf das Trapez zu, das an langen Seilen von der Zirkuskuppel herunterhing. Von Aufregung war ihr nichts anzumerken. Einen Augenblick lang ließ sie sich auf dem Trapez nieder und sah sich abwartend um.
Da spielte endlich die Kapelle.
Die Scheinwerfer flammten auf.
Die Zuschauer sahen gespannt in die Manege.
Esmeralda startete blitzschnell vom Trapez. Sie flog durch die Zirkuskuppel, höher und immer höher. Und dann stürzte sie in einem atemberaubenden Flug wieder herab.
In letzter Sekunde fing sie sich im Netz. Geschickt kletterte sie wieder heraus und wagte einen neuen Flug.

Sie schwebte nach rechts, nach links, wagte übermütig einen Kreisel und einen erneuten Sturzflug. Dann folgte ein kühnes Landemanöver auf dem Lichtmast neben der Kapelle.

(Aus: *U. Scheffler,* Esmeraldas erster Auftritt. In: Leselöwen-Zirkusgeschichten. © 1980 by Loewe Verlag, Bindlach)

Übungen zum Schluss

- Die Kinder erhalten einen Text ohne Schluss und schreiben ihn auf.

Meine Lehrerin mag mich nicht

Ich heiße Markus. Ich gehe in die zweite Klasse. Früher hatten wir Frau Mai als Lehrerin. Frau Mai konnte ich alles erzählen: von dem Aquarium bei uns zu Hause und von meinem Hamster und von meiner Oma, die so krank war. Aber dann ist Frau Mai weggegangen und wir haben Frau Beck bekommen. Seitdem gefällt es mir in der Schule nicht mehr.
Gleich am ersten Morgen, als Frau Beck auf Frau Mais Stuhl saß, habe ich mich vor ihr gefürchtet.
An dem Morgen bin ich nämlich zu spät gekommen.
In der Ungerstraße waren zwei Autos zusammengeknallt. Ich habe eine Weile zugeguckt, und als ich in die Klasse kam, saß Frau Beck am Lehrertisch.
Ich wollte von dem Unfall erzählen. Aber sie sah mich so streng an, dass ich vor Schreck nichts sagen konnte.
Und ausgerechnet an dem Tag hatte ich noch mein Rechenbuch vergessen!
„Das gefällt mir! Zu spät kommen und bloß die Hälfte mitbringen!“, sagte Frau Beck. Da fing ich auch beim Lesen an zu stottern. Und am nächsten Tag konnte ich mein Gedicht nicht richtig.
„Na, Markus, das ist aber kein schöner Anfang mit uns beiden“, sagte Frau Beck. „Hoffentlich wird es besser.“ Aber es wurde immer schlechter. Frau Beck brauchte mich nur anzusehen, gleich sagte ich etwas Falsches. Dann meckerte sie wieder. Und meine Hausaufgaben strich sie auch dauernd durch.
„Du musst dir mehr Mühe geben, Markus“, sagte sie.
Dabei gab ich mir ja Mühe. Es nützte nur nichts.
„Die mag mich nicht“, dachte ich. „Die kann mich nicht leiden.“
Doch gestern ist etwas passiert, das muss ich erzählen.
Gestern durfte jeder malen, wozu er Lust hatte. „Irgendetwas, das euch besonders gut gefällt“, sagte Frau Beck.
Da habe ich unser Aquarium gemalt. Ich malte die roten und blauen und sil-

bernen Fische, das grüne Wasser und die Pflanzen. Ich dachte nur noch an mein Bild und nicht an Frau Beck.
Als ich fertig war, kam Frau Beck an meinen Tisch.
„Jetzt meckert sie wieder“, dachte ich.

(Aus: *Irina Korschunow,* Meine Lehrerin mag mich nicht. In: Leselöwen Schulgeschichten. Loewe Verlag. Bayreuth 1978)

Wie könnte die Geschichte enden?

Schluss für die Lehrerin:

Aber Frau Beck meckerte überhaupt nicht. Sie sagte: „Das ist schön geworden, Markus!“
Sie hielt mein Bild hoch, damit es alle sehen konnten. Und dann fragte sie: „Schenkst du es mir? Ich möchte es zu Hause an die Wand hängen.“
Wirklich, das hat sie gesagt! Und ich glaubte doch immer, sie könne mich nicht leiden.
Ob ich die ganze Zeit etwas Falsches gedacht habe? Vielleicht stimmt es gar nicht, dass Frau Beck mich nicht mag.

Irina Korschunow

Übungen zu Einleitung, Hauptteil und Schluss

- Die Kinder erhalten mehrere Stichpunkte, ordnen sie Einleitung, Hauptteil und Schluss zu und schreiben einen zusammenhängenden Text dazu.

Ein guter Freund

Nina lacht Janis aus

Tabea streckt Hand aus

breiter, tiefer Wassergraben

wollen über Graben springen

Janis, Tabea und Nina

plötzlich alles ganz einfach

unterwegs im Wald

Janis traut sich

Nina und Tabea springen

Janis hat Angst zu springen

1. Schneide die Stichpunkte aus.
2. Ordne sie in drei Spalten: Welche Stichpunkte passen ...?

zur Einleitung	zum Hauptteil	zum Schluss
....	....	....

3. Bilde eine Geschichte daraus und schreibe sie auf.

Lösung:

Janis, Tabea und Nina (1) – unterwegs im Wald (2) – breiter, tiefer Wassergraben (3) – wollen über Graben springen (4) – Nina und Tabea springen (5) – Janis hat Angst zu springen (6) – Nina lacht Janis aus (7) – Tabea streckt Hand aus (8) – Janis traut sich (9) – plötzlich alles ganz einfach (10)

- Die Kinder erfinden mit Hilfe der Erzählkarten (siehe Kap. 3.4) eigene Geschichten und schreiben diese auf.
- Die Kinder erfinden zu einer Einleitung eine Weiterführung und denken sich eine passende Überschrift dazu aus, z. B.:

Familie Hümmer macht mit ihren beiden Kindern Urlaub am See. Es ist ein schöner Sommertag und sie beschließen, sich ein Tretboot zu leihen. Als sie ein Stück gefahren sind, spüren sie, dass sich das Wetter ändert und es anfängt zu stürmen.

- Die Kinder formulieren zum Hauptteil Einleitung und Schluss.

Mut

Micha hört das Rufen des Bademeisters und die Stimmen der anderen: „Los, Micha, nun spring schon!“
Dann hört Micha nichts mehr. Weit weg ist das platschende Geräusch des Wassers. Weit weg und undeutlich verschwommen ist auch das Stimmengewirr.
Tief, ganz tief unter sich, sieht Micha das leuchtend blaue Wasser des Schwimmbeckens. Fünf Meter!
Mensch, ist das hoch!
Micha schaut nach unten und bekommt Angst. Er schaut nach oben, und er fühlt, wie ihn die große Kuppel des Hallenbades fast erdrückt. Micha wird schwindlig.
„Los! Jetzt mach schon! Feigling, Feigling!“, schreien nun die anderen.
Langsam dreht sich Micha um, „Feigling!“, ruft auch Pitti, sein Freund.

Lies den Hauptteil genau durch und schreibe Einleitung und Schluss auf.

(Aus: *Mechthild zum Egen,* Mut. In: Mücke, Heft 6–7. 1986. A.a.O. In: Überall ist Lesezeit 2. Oldenbourg Schulbuchverlag GmbH. München 2001)

Einleitung und Schluss für die Lehrerin:

Mut

„Los, Michael! Los! Nun spring schon endlich!"
Micha hört die anderen rufen. Laut ist es und heiß.
Ab und zu benutzt der Bademeister die Trillerpfeife.
„He, Sie, Sie müssen eine Badekappe tragen!" Oder:
„Das Springen vom Beckenrand ist verboten!", brüllt er.

„Selber einer", sagt Micha, „spring du doch!"
Dann steigt er ganz langsam, Stufe für Stufe, die Treppe des Sprungturms wieder hinunter. „Na, das muss man auch können", sagt eine Frau, die gerade vorübergeht.
Micha schämt sich nicht mehr. Erleichtert springt er vom Startblock.

Mechthild zum Egen

- Die Kinder formulieren aus vorgegebenen Reizwörtern eine Geschichte.

Pause – Schneeball – Arzt

1. Schreibe die drei Wörter zuerst auf deinen Block und überlege dir weitere Wörter dazu, z. B. Pause: Kinder stürmen hinaus, drängeln,...
2. Überlege zu den Reizwörtern eine Geschichte und erfinde eine passende Überschrift.

- Die Kinder formulieren einen Zeitungsausschnitt zu einer Erlebniserzählung um, z. B.:

Fürth – Probleme mit der Sicherheit im Zirkus Minelli
Bei der täglichen Fütterung bemerkte der Tierpfleger des Zirkus, dass das Flusspferd Agnes entlaufen ist. Die herbeigerufene Polizei sichtete Agnes im nahe gelegenen Fluss. THW, Feuerwehr, Polizei und Zirkusmitarbeiter bemühen sich, Agnes zu finden und wieder einzufangen. Auch die Fürther Bevölkerung fand sich am Flussufer ein um bei der Suche zu helfen. Die Suche verlief bisher ohne Erfolg.

Reparaturwerkstatt

Wie findest du die Einleitung?

1. Sara und Simon radeln mit ihren Fahrrädern in den Wald. Im Wald gibt es einen Fahrradparcours mit Sprungschanzen und Hügeln...

---

2. Tim und Ina zucken zusammen, weil der Computer plötzlich dunkel wird und ein richtiges Blitzlichtgewitter am Bildschirm erscheint...

---

3. In der Stadt gastiert ein Zirkus. Laura und Alexander besuchen die Nachmittagsvorstellung des Zirkus Mirelli. Sie dürfen ganz alleine mit dem Bus zum Marktplatz fahren, wo der Zirkus sein Zelt aufgeschlagen hat. Gespannt kaufen sich die beiden eine Eintrittskarte und betreten das große, bunte Zirkuszelt. Den Zeltvorhang hält ihnen ein bunt maskierter Clown auf.

Wähle eine Einleitung aus und schreibe die Geschichte weiter.

Einleitung 1: knapp, weckt das Leseinteresse und führt zum Thema
Einleitung 2: fehlt, der Leser findet sich mitten in der Geschichte
Einleitung 3: zu ausführlich, enthält unnötige Angaben, z. B. Busfahrt

Wie findest du den Schluss?

1. Gott sei Dank ist nichts Schlimmeres passiert!

---

2. Erleichtert schlägt Ina die Augen auf und stellt fest, dass sie das Ganze nur geträumt hat.

---

3. Der bunt maskierte Clown hat ihnen am besten gefallen, als er über den Hund gestolpert ist. Und als er dann auf seinem Hosenboden gelandet ist, haben alle Zuschauer schallend gelacht. Sie sind traurig, dass die Vorstellung schon vorbei ist und sie nach Hause müssen. Langsam traben sie zur Bushaltestelle und warten auf den Bus, der in einer Viertelstunde kommen soll.

Wähle einen Schluss aus und schreibe auf, was sich vorher ereignet haben könnte.

Schluss 1: knapp, der Leser kann sich weder den Ausgang noch den Inhalt der Geschichte vorstellen.
Schluss 2: knapp, hat eine überraschende Wendung
Schluss 3: zu ausführlich, enthält unnötige Angaben, z. B. Busfahrt

Lernzielkontrolle

Name: ______________________	Datum: __________	KV 25

Hören ist wichtig

Schreibe zu den Bildern eine Geschichte. Denke an die Regeln zu Einleitung, Hauptteil und Schluss.

Du hast von ___ Punkten ___ erreicht. Note: ___

1.6 Wörtliche Rede

Unterrichtsanregungen

Lernziele: Kennen und Anwenden der Redezeichen; Steigern der Lebendigkeit eines Textes durch das Verwenden der wörtlichen Rede

Material: Comicheft, zwei Folien, Kopiervorlagen 26–28, Tafelanschrift

Einstieg

Die Lehrerin zeigt den Kindern eine Seite aus einem beliebigen Comic auf Folie und spricht mit den Kindern über die Merkmale und den Aufbau eines Comics:

- Wechselbeziehung von Bild und Text, beide ergänzen sich gegenseitig.
- Bilder und Gespräche sind auf das Wesentliche reduziert, Zwischentexte fehlen meistens.
- Bild und Text verschmelzen durch die Denk- und Sprechblasen, ein Dialog entsteht.

Zielangabe: Wir erfinden einen Comic.

Erarbeitung

Die Kinder erzählen zu den Bildern von Kopiervorlage 26. Dann zeigt die Lehrerin die Denk- und Sprechblasentexte auf Folie, die die Kinder den entsprechenden Bildern zuordnen und nach einer gemeinsamen Kontrolle in der Reihenfolge auf die Kopiervorlage schreiben.

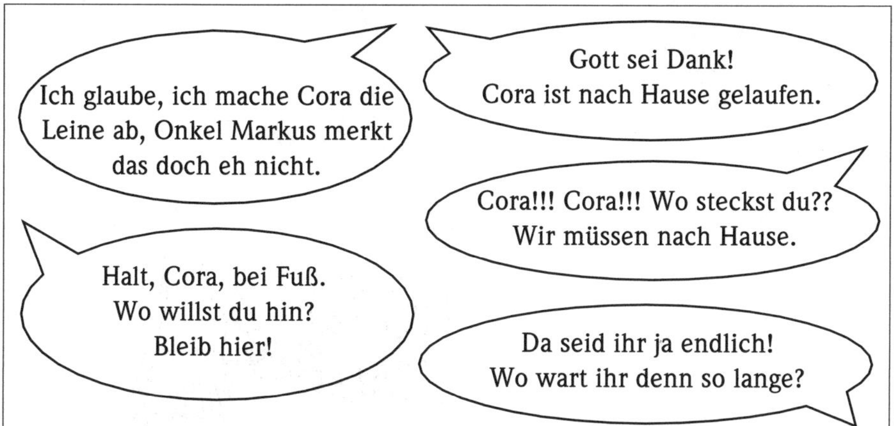

Im Anschluss suchen die Kinder zur wörtlichen Rede einen passenden Begleitsatz. An dieser Stelle geht die Lehrerin auf die Zeichen der wörtlichen Rede ein.

Name: ______________________	Datum: __________	KV 26

Glück gehabt!

Tafelanschrift 1:

„Ich glaube, ich mache Cora die Leine ab, Onkel Markus merkt das sowieso nicht“, denkt Lara sich. Lara ruft aufgeregt: „Halt, Cora, bei Fuß. Wo willst du hin? Bleib hier!“ „Cora! Cora! Wo steckst du? Wir müssen nach Hause“, schreit Lara ängstlich. Onkel Markus steht vor der Haustür und sagt: „Da seid ihr ja endlich! Wo wart ihr denn so lange?“ „Gott sei Dank!“, denkt sich Lara erleichtert, „Cora ist nach Hause gelaufen.“

Erkenntnis:

- Die wörtliche Rede steht in Anführungszeichen. → Die Lehrerin fährt die Denk- und Sprechblasen mit gelbem Stift nach, unterstreicht die wörtliche Rede bei der Tafelanschrift und färbt die Anführungszeichen ebenfalls gelb.
- Bei vorangestelltem Begleitsatz wird ein Doppelpunkt gesetzt (den Doppelpunkt als Zeichen für „Los“ grün färben).
- Zwischen wörtlicher Rede und Begleitsatz steht ein Komma (das Komma als Zeichen für „Stopp“ rot färben). Der Punkt als Satzzeichen fällt bei der wörtlichen Rede weg, wenn ein Begleitsatz angefügt wird.
  Die Regel „Ausrufe- und Fragezeichen bleiben stehen, der Begleitsatz wird auch hier mit Komma angefügt“ wird ergänzt, wenn später entsprechende Beispiele vorgestellt werden.
- Der Begleitsatz wird mit Komma in die wörtliche Rede eingefügt. Die Anführungs- und Endzeichen sind zweimal zu setzen.

Gemeinsam formulieren die Kinder mit der Lehrerin aus den Sätzen der wörtlichen Rede und den Begleitsätzen eine fortlaufende Geschichte, die die Lehrerin auf eine Folie schreibt. Anschließend prüft die Klasse, ob der Text auch ohne Bilder verständlich ist.
Die Klasse vergleicht den Comic und den Text und stellt fest, dass die wörtliche Rede wichtig ist und den Text belebt.

Regelformulierung und Tafelanschrift 2:

Wörtliche Rede Wörtliche Rede macht eine Geschichte lebendig.

Die Kinder schreiben die Regel und darunter die Geschichte in ihr Heft.

Anwendung
Die Kinder schreiben zu einer weiteren Bildfolge eine Geschichte mit wörtlicher Rede.

Name: ______________________________ KV 27

Nur einen Augenblick nicht aufgepasst!

Möglicher Text:
Maxi hat Geburtstag. Er zündet auf seiner Geburtstagstorte mit einem Streichholz eine Kerze an. Seine Gäste singen ein Geburtstagslied für ihn. Maxi freut sich. „Danke, das ist eine Überraschung“, murmelt er glücklich. Doch da! Rasch brennt das Streichholz immer weiter ab und die Flamme kommt gefährlich nahe an Maxis Finger. „Au!“, ruft Maxi und wirft das brennende Streichholz schnell in den Papierkorb. Im Nu fängt das Papier Feuer. „Hilfe, es brennt!“, ruft Maxi und auch die anderen Kinder rufen aufgeregt durcheinander. Maxis Mutter stürzt in das Zimmer und erstickt das Feuer mit einer Decke. Aufgeregt ruft sie den Kindern zu: „Schnell, holt einen Eimer mit Wasser.“
Was für ein Glück! Das Feuer ist gelöscht. Erleichtert sagt Mutter: „Das ist gerade noch einmal gut gegangen.“

Weitere Übungen

Umformen von indirekter in wörtliche Rede

Wandle die Sätze in wörtliche Rede um.

1. Sebastian fragt Fabian, ob er in den Ferien am Meer war.
2. Moritz erzählt seinem Freund freudig, dass er am Samstag im Kino war.
3. Die Verkäuferin rät, die Kunden sollen das Sonderangebot kaufen.
4. Die Mutter freut sich, weil Lea eine gute Note geschrieben hat.
5. Der Hausmeister schimpft, weil Annika und Tami Müll auf den Boden geworfen haben.
6. Die Mutter sagt zu Konstantin, er soll die Nachbarn im Haus höflich grüßen.

Einsetzen fehlender Satzzeichen

Setze die Satzzeichen und die Zeichen der wörtlichen Rede ein

Valentin ist schon wieder zu spät zur Schule gekommen Die Lehrerin fragt Warum kommst du so spät Valentin antwortet Ich bin auf dem Schulweg gestürzt Ann-Katrin fragt Hast du dich verletzt Valentin jammert Mein Knie blutet Die Lehrerin sagt Geh morgen früher los und lauf lieber etwas langsamer

Ein Gespräch erfinden

Die Kinder erhalten den Anfang eines Gesprächs und setzen es fort.

Sina und Jan spielen auf der Straße mit einem Ball. Ein Junge kommt dazu und möchte mitspielen. „Hallo ihr beiden, darf ich mitspielen?“, fragt der fremde Junge. „Wie heißt du? Wir kennen dich gar nicht“, will Sina wissen...
Wie könnte das Gespräch weitergehen? Schreibe es auf und denke an die Satzzeichen und die Zeichen der wörtlichen Rede.

Reparaturwerkstatt

Setze die fehlenden Satzzeichen und die Zeichen der wörtlichen Rede ein.
Der Ausflug Heute machen wir einen Ausflug zum Baggersee sagt Papa Niklas du nimmst eine Frisbeescheibe mit Jonathan und Hannah ihr packt eure Rucksäcke Ich packe den Picknickkorb meint Mama Samira fragt Aber wo sind meine Badeschuhe Schau doch ruft Niklas sie liegen unter dem Tisch Also los jetzt packt euere Sachen fertig damit wir los kommen drängt Vater Alle beeilen sich Da quengelt Samira Seid ihr immer noch nicht fertig Wann können wir denn endlich los Sobald ich das Baby im Kindersitz festgeschnallt habe antwortet Mutter.

Lernzielkontrolle: Kopiervorlage 28

Name: ______________________	Datum: __________	KV 28

Nach der Schule

1. Ergänze die fehlenden Satzzeichen.

Hannah fragt die Lehrerin Bekommen wir heute keine Hausaufgaben Es ist so schönes Wetter Wenn ihr brav seid antwortet die Lehrerin werde ich es mir überlegen Fein Das wäre toll freuen sich die Kinder Das klappt ja schon prima freut sich die Lehrerin eure Hausaufgabe ist schmunzelt die Lehrerin draußen zu spielen

2. Schau dir die Bilder an und erfinde einen eigenen Schluss.

1 	2 
3 	4

a) Erfinde eine passende Überschrift.

____

____

b) Erzähle zu den Bildern. Lass die Personen auch sprechen.
Schreibe deine Geschichte auf ein Blockblatt.

Du hast von ___ Punkten ___ erreicht. Note: ___

1.7 Ausrufe

Unterrichtsanregungen

Lernziel: Steigern der Lebendigkeit und Erzeugen von Spannung durch kurze Sätze, Fragen und Ausrufe

Material: Kopiervorlagen 29–31, Folien, Tafelanschrift

Einstieg
Folie 1: Die Kinder beschreiben das Bild.

Problemstellung: Zu diesem Bild sollt ihr euch eine spannende Abenteuergeschichte ausdenken. Wie muss eine Geschichte sein, damit du nicht mehr mit dem Lesen aufhören willst?
Die Kinder nennen Merkmale von spannenden Geschichten (Tafelanschrift 1).

Erarbeitung
Kopiervorlage 29

KV 29

Der geheimnisvolle Dachboden

Schnell schlüpft Philipp durch den Türspalt in den Dachboden hinein. Dort ist es sehr dunkel.	Schnell schlüpft Philipp durch den Türspalt in den Dachboden hinein. Dort ist es sehr dunkel.
1. Huch, da ist doch etwas! Er stößt an einen weichen Gegenstand.	1. Er stößt an einen weichen Gegenstand und merkt, dass vor ihm etwas steht.
2. Philipp erschrickt. Er bleibt stehen.	2. Zuerst erschrickt Philipp und dann bleibt er stehen.
3. Was soll er nur tun?	3. Er weiß gar nicht, was er tun soll.
4. Vorsichtig tastet er um sich. Igitt!	4. Deshalb tastet er ganz langsam mit seinen Händen um sich, um zu erkennen, was das ist.
5. Was kann das bloß sein?	5. Philipp spürt etwas, das er nicht erkennen kann.
6. Philipp zerspringt fast vor Neugierde.	6. Weil er so neugierig ist, will er das Ding genau erforschen.
7. Er spürt etwas Glattes, Kaltes.	7. Er merkt, dass vor ihm ein glatter, kalter Gegenstand steht.
8. So eine seltsame Entdeckung!	8. Er wundert sich über so eine seltsame Entdeckung.
9. Philipp versucht, an dem Gegenstand hochzuklettern. Oh weh! Ist das schwierig.	9. Philipp klettert an dem Gegenstand hoch und schafft es kaum.
10. Auf einmal scheint das Mondlicht durch die Dachluke. Ist das nicht ein Gummistiefel? Tatsächlich!	10. Auf einmal scheint das Mondlicht durch die Dachluke. Erleichtert erkennt Philipp den Gummistiefel, der vor ihm steht.
11. Gespannt schleicht Philipp weiter. Was ist denn das?	11. Gespannt schleicht Philipp weiter. Da merkt er, dass vor ihm noch etwas ist.

Leichtere Aufgabe: Die Kinder erhalten die beiden Texte im Ganzen und sollen die spannendere Version erkennen (linke Seite).
Schwierigere Aufgabe: Die Kinder erhalten die Texte als Satzstreifen und sollen die elf spannenderen Textelemente heraussuchen. Zum Vergleich und Erkennen der Merkmale legen sie jeweils beide Textversionen vor sich.
Die Kinder lesen folgende Arbeitsaufträge durch und führen sie in Partnerarbeit durch.

Aufträge für die leichtere Aufgabe:

1. Lies beide Geschichten gut betont vor.
2. Welche Geschichte klingt spannender?
3. Suche die Stellen heraus, die die Geschichte spannend machen und unterstreiche sie mit Bleistift und Lineal.

Aufträge für die schwierigere Aufgabe:

1. Lege die beiden Sätze mit Nummer 1 nebeneinander und lies die beiden Sätze gut betont vor. Welcher Satz klingt spannender? Lege ihn auf die linke Seite.
2. Lege nun die beiden Sätze mit Nummer 2 nebeneinander, lies und vergleiche sie. Lege den spannenderen Satz wieder auf die linke Seite.
3. Mache es nun mit den weiteren Satzstreifen ebenso, sodass auf der linken Seite eine spannende Geschichte entsteht.
4. Lies beide Geschichten noch einmal gut betont vor. Du kannst noch Streifen austauschen.

Einzelne Kinder lesen die ihrer Meinung nach spannendere Version vor. Mögliche Einwände der anderen Kinder führen zum Gespräch über Spannungsmerkmale.
Kontrolle: Folie mit der spannenden Version, die Kinder korrigieren eventuelle Fehler und kleben die spannende Version in ihr Heft.
Die Kinder erklären, welche Sätze und Wörter den Text spannend machen und unterstreichen diese auf der Folie und in ihrem Heft. Danach lesen zwei Kinder jeweils eine Version noch einmal gut betont vor. Sie finden heraus, dass kurze Sätze, Fragen und Ausrufe die Spannung unterstützen.

Regelformulierung und Tafelanschrift 2:

Kurze Sätze, Fragen und Ausrufe

Kurze Sätze, Fragen und Ausrufe machen eine Geschichte spannend.

Die Kinder schreiben die Regel in ihr Heft.

Anwendung
Kopiervorlage 30 mit differenzierten Arbeitsaufträgen zum Fortsetzen des Textes.

Schreibkonferenz (vgl. Kap. 5): In Gruppen lesen die Kinder ihre Texte vor und prüfen, ob die Regel angewendet wurde.

Weitere Übungen

Sammeln von Ausrufen und Fragen
Gruppenarbeit: Die Kinder sammeln Ausrufe und Fragen, die zu vielen Geschichten passen, und schreiben sie auf Satzstreifen.
Im Sitzkreis legen und kleben sie diese auf ein Plakat, das im Klassenzimmer aufgehängt wird.
Beispiele: Was ist los? Was war das? Oh weh! Wo bin ich? Oh nein! Au weia!
Oh je! Hoppla! Oh Schreck! Ah! Oh! Hm!...

Fortsetzen eines Textes

Balduin, das Schlossgespenst

Balduin lebt mit seiner Gespensterfamilie auf Schloss Rabeneck. Sie wohnen ganz oben im Ostturm. Tagsüber schlafen sie, damit sie nachts fit sind für die Geisterstunde und spuken können. Balduin ist mit seinen 132 Jahren noch zu jung, um mitspuken zu dürfen.
Eines Abends fragen ihn die Eltern: „Balduin, wir sind auf einer Gespensterparty auf Burg Neideck eingeladen. Traust du dich, alleine hier zu bleiben?“ – „Kein Problem, ich hole mir meine Playmobil-Ritterburg und spiele damit.“ Da kommt ihm eine Idee. Er beschließt, seine Eltern beim Spuken heimlich zu vertreten.
Den ganzen Tag über malt sich Balduin aus, wie er die Schlossbewohner mit seiner Spukerei erschrecken könnte. Endlich ist es soweit. Die Eltern sind auf der Party und die Turmuhr schlägt zwölf Mal...

Was könnte Balduin alles anstellen, um die Schlossbewohner zu erschrecken?
Setze die Geschichte fort und verwende dabei Ausrufe, Fragen und kurze Sätze.

Name: ____________________	Datum: __________	KV 30.1

Geheimnisse auf dem Dachboden

Lies die drei Aufträge durch und kreuze den Auftrag an, nach dem du arbeiten willst.

☐ Auftrag 1:

Schreibe die Geschichte weiter und verwende dabei kurze Sätze, Fragen und Ausrufe.
Beginne so: Plötzlich bleibt Philipp an etwas hängen.

☐ Auftrag 2:

Schreibe die Geschichte weiter und verwende dabei kurze Sätze, Fragen und Ausrufe.
Beginne so: Plötzlich bleibt Philipp an etwas hängen.
Die Bilder helfen dir dabei.

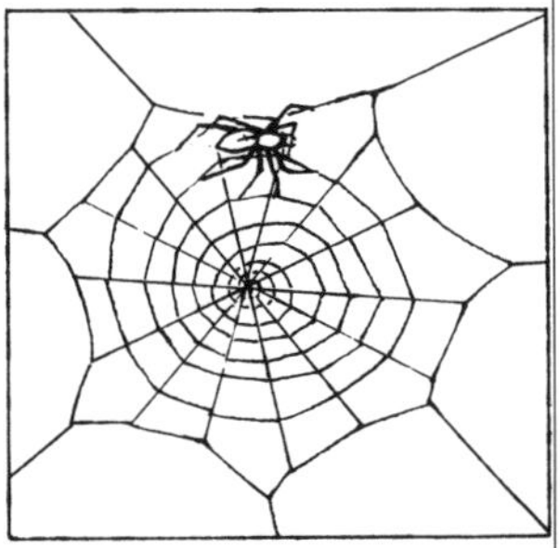

☐ Auftrag 3:

Mache die Geschichte spannender und setze passende kurze Sätze, Fragen und Ausrufe in die Zeilen ein.

Name: ______________________	Datum: __________	KV 30.2

Geheimnisse auf dem Dachboden

So könnte die Geschichte weitergehen:

Plötzlich bleibt Philipp an etwas hängen.

Wild schlägt er um sich.

Immer mehr gerät er in die klebrige Falle.

Während er zappelt, kann er mit einer Hand einen Holzbalken ergreifen.

Mit letzter Kraft reißt er sich los.

Erleichtert erkennt er jetzt das Spinnennetz, das zerrissen vor seiner Nase hängt.

Reizwortgeschichte
Tafelanschrift: **Insel – Schatz – Drache – Höhle**
Erfinde eine spannende Geschichte zu diesen Wörtern. Verwende kurze Sätze, Fragen und Ausrufe.

Reparaturwerkstatt

Maja und Marvin
Setze in die Geschichte passende Ausrufe und Fragen ein.

Maja legt die Wäsche zusammen.

Marvin kommt zur Tür herein und zieht seine Schwester an den Haaren.

Maja ärgert sich. Plötzlich kommt ihr eine Idee.

Da geht die Türe wieder auf.

Maja zieht sich schnell ein Bettlaken über den Kopf.

Als Marvin sie sieht, schreit er laut.

Er glaubt, ein Gespenst zu sehen und läuft erschrocken davon.

Hier kannst du verbessern

Lies die Geschichte durch, verändere die Sätze und verbessere sie.
Achte auf kurze Sätze und setze Ausrufe und Fragen ein.

> *Überraschung im Keller*
>
> Emily will sich Limonade aus dem Keller holen.
> Sie geht die Treppen hinunter und öffnet die Tür. Das Licht geht nicht an.
> Sie merkt, dass vor ihr etwas Großes steht.
> Emily erschrickt, bleibt stehen und schaut um sich.
> Sie weiß nun gar nicht so recht, was sie tun soll.
> Deshalb tastet sie ganz langsam und vorsichtig mit ihren Händen, um zu erkennen, was da steht.
> Sie spürt etwas, das sie nicht erkennen kann.
> Weil sie sehr neugierig ist, will sie das Ding genau erforschen.
> Sie merkt, dass der Gegenstand aus Holz ist und ein Schloss hat.
> Emily überlegt, ob sie es öffnen kann.
> Das gelingt ihr auch.
> Sie staunt, was sie da entdeckt.
> In der Kiste ist etwas Weiches. Es fühlt sich an wie ihr Teddybär.
> Schnell nimmt sie ihn heraus und rennt zur Treppe.

Lernzielkontrolle: Kopiervorlage 31

Name: ______________________ | Datum: __________ | KV 31

Eine Gespenstergeschichte

Schreibe eine spannende Gespenstergeschichte und verwende dabei die Wörter im Kasten.
Denke an kurze Sätze, Fragen und Ausrufe.

Gespenst großes Fest Burg
erschrecken Rittersaal 12 Uhr nachts

____
____
____
____
____
____
____
____
____
____
____
____
____
____

Du hast von ___ Punkten ___ erreicht. Note: ___

2. Informierendes Schreiben

2.1 Stichwörter und Stichpunkte

Die angebotenen Bastelanleitungen können für das „Buch gegen Langeweile“ verwendet werden (vgl. Kap. 1.1).

Unterrichtsanregungen: Stichpunkte notieren

Lernziele: Nennen von Kernaussagen eines Textes
Festhalten von wichtigen Textstellen in Form von Stichpunkten

Material: Folie, Kopiervorlage 32, Tafelanschrift

Einstieg
Kurze Lehrererzählung: Dominic ist krank und hat in der Schule gefehlt. Gleich drei seiner Freunde bringen seiner Mutter einen Merkzettel vorbei. Darauf steht, was er morgen für das Basteln einer Jogurtrassel in die Schule mitbringen soll.

Folie:

Merkzettel für Kunst

Zettel 1
Die Lehrerin bittet uns einen Jogurtbecher sauber auszuwaschen.
Außerdem sollen wir kleine Steine suchen.
Aus verschiedenen Zeitschriften sollen wir bunte Werbung zum Verzieren der Rassel sammeln.
Weil wir Frischhaltefolie mitbringen sollen, frage am besten deine Mutter danach.
Vergiss auch nicht, einen Gummiring einzupacken.

Zettel 2
einen Jogurtbecher auswaschen
kleine Steine suchen
bunte Werbung sammeln
Frischhaltefolie mitbringen
einen Gummiring einpacken

Zettel 3
Jogurtbecher – Steine – Werbung –
Frischhaltefolie – Gummiring

Im Gespräch über die Merkzettel erkennen die Kinder, dass diese unterschiedlich gut formuliert sind.

Zielangabe: Ihr sollt herausfinden, wie ihr einen guten Merkzettel schreiben könnt.

Erarbeitung und Spracherkenntnis
Die Kinder lesen die Merkzettel nochmals leise durch und schreiben die Nummer des Zettels auf, den sie für gut halten. Die Lehrerin zählt die Stimmen zu jeder Nummer aus und hält die Wahl an der Tafel fest. Zu jeder Nummer begründet ein Kind seine Wahl, während die anderen Kinder zustimmen oder sich abweichend äußern. Dabei schreibt die Lehrerin zutreffende Merkmale an die Tafel, z. B.:
Zettel 1: Zu ausführlich, Dominic kann nicht auf einen Blick erkennen, was er mitbringen soll.
Zettel 2: Was wichtig ist, wird kurz und genau benannt.
Zettel 3: Zu knapp, Wichtiges fehlt, z. B. Zahlenangaben, Zeitwörter, genaue Hinweise zu Menge und Größe.
Merkzettel 2 wird an der Tafel und auf der Folie eingerahmt.
Impuls: Aus Merkzettel 1 kannst du leicht Merkzettel 2 machen. → Die Kinder unterstreichen die wichtigen Angaben auf der Folie. Als Lösung ergibt sich Merkzettel 2.

Regelformulierung und Tafelanschrift 1:

So schreibe ich einen Merkzettel

Mit kurzen Stichpunkten fasse ich das Wichtigste eines Textes zusammen. Ich verwende Namenwörter und Zeitwörter sowie Angaben zur Zeit, Menge und Größe.

Die Kinder schreiben die Regel und darunter Merkzettel 2 in ihr Heft.

Anwendung
Die Kinder suchen aus dem folgenden Text (Kopiervorlage 32) die Stichpunkte heraus und unterstreichen sie.

KV 32

Bastelmaterial für eine Blumentopfglocke

Die Lehrerin erzählt im Unterricht:

„Ich will mit euch eine Blumentopfglocke basteln. Ihr könnt sie später als Musikinstrument oder als Haustürglocke verwenden. Du brauchst dafür mitteldicke Wollreste in verschiedenen Farben. Besorge dir in einem Blumenladen oder Gartenmarkt einen Blumentopf aus Ton, der nicht zu groß sein sollte. Außerdem brauchst du eine Holzperle mit etwa 3 cm Durchmesser. Suche eine Serviette mit einem schönen Motiv aus, mit dem du den Blumentopf bekleben möchtest. Den Serviettenkleber besorge ich; Pinsel, Schere und Stift haben wir in der Schule."

Die Kinder schreiben den Merkzettel in ihr Heft.
Lösungsvorschlag:

- mitteldicke Wollreste in verschiedenen Farben
- nicht zu großen Blumentopf aus Ton besorgen
- Holzperle mit etwa 3 cm Durchmesser
- Serviette mit schönem Motiv

Bastelanleitung Jogurtrassel

- Jogurtbecher mit Inhalt füllen, wie z. B. kleine Steine, Reis etc.
- Frischhaltefolie über die Becheröffnung spannen, mit einem Gummiring befestigen
- Werbung in Schnipsel reißen und mit Tapetenkleister festkleben

Bastelanleitung Blumentopfglocke

- Topf mit Serviettentechnik gestalten
- Wollreste zu einer ca. 50 cm langen Kordel drehen
- in der Hälfte der Kordel einen dicken Knoten setzen
- die Kordel durch die Blumentopföffnung ziehen, der Knoten befindet sich im Topf
- die Perle aufziehen und auf Topfrandhöhe verknoten (gibt den Klang)

Weitere Übungen

Wann schreibt man einen Merkzettel?
Die Kinder beschreiben Situationen, in denen Stichpunktzettel hilfreich sind, z. B.:

* Einkaufszettel	* Bastelmaterialien	* Telefonat	* Bastelanleitung
* Wegbeschreibung	* geplante Erledigung	* Referat	* Kochrezept
* Protokoll eines Films, Versuchs		* Bericht	* Spielanleitung
* Bedienungsanleitung			

Welche Merkzettel sind verständlich?
Die Kinder lesen die folgenden Stichpunkte, überlegen, welche verständlich formuliert sind und begründen ihre Entscheidung.

1. Volker Samstag abholen	2. Oma zurück rufen Keller unter Wasser Waschmaschine kaputt	3. Rechnen im Heft Lesen im Buch Foto mitbringen	4. halbes Brot 5 Brötchen Himbeerkuchen

1: Es fehlen die Uhrzeit und der Grund des Abholens.
2: Die Stichpunkte sind verständlich.
3: Es fehlen folgende Hinweise: Bis wann sind die Hausaufgaben zu erledigen? Was ist im Heft zu rechnen? Buchseite? Welches Foto wird benötigt?
4: Es fehlen Mengen- und Sortenangaben.

Einen Einkaufszettel schreiben
Frau Fröhlich bittet ihren Sohn Samuel einkaufen zu gehen. Sie sagt ihm, was sie brauchen:

> Für das Abendessen brauchen wir sechs Brötchen, 100 g Leberwurst, 200 g Salami und drei Paar Wiener Würstchen. Ach ja, wir haben nur noch süßen Senf, kauf doch auch noch ein Glas mittelscharfen Senf. Außerdem haben wir kein Brot mehr. Hol vom Bäcker noch ein Vollkornbrot.

Samuel kann sich nicht alles merken, deshalb schreibt er einen Einkaufszettel:

Bäcker	Metzger
6 Brötchen	100 g Leberwurst
1 Vollkornbrot	200 g Salami
	3 Paar Wiener
	1 Glas Senf mittelscharf

Aus einem Text das Wichtigste in Stichpunkten zusammenfassen

Die Geschichte von den Rosinenbrötchen

Einmal hat der Vater zum Kind gesagt: „Bitte, lauf doch schnell für mich zur Post und kauf mir dreißig Briefmarken." Und die Mutter hat gesagt: „Auf dem Rückweg kannst du beim Bäcker drei Rosinenbrötchen holen." Das Kind ist mit dem Geld fortgegangen. Es war gar nicht weit bis zur Post. Aber die anderen Kinder haben auf der Straße gespielt, und das Kind hat ihnen zugesehen und ein bisschen mitgespielt. Dann ist es zur Post gelaufen. Es hat drei Briefmarken gekauft, und dann hat es beim Bäcker dreißig Rosinenbrötchen geholt, zwei große Tüten voll, das Kind konnte sie kaum schleppen. Der Vater hat gelacht und gerufen: „Jetzt muss ich Rosinenbrötchen auf meine Briefe kleben!" Und die Mutter hat auch gelacht und schnell Kaffee gekocht, und sie haben Rosinenbrötchen gegessen, bis sie Bauchweh hatten.

Ursula Wölfel

Lies den Text aufmerksam durch und notiere das Wichtigste in Stichpunkten.

Lösung:
- Vater: 30 Briefmarken bei Post kaufen
- Mutter: 3 Rosinenbrötchen beim Bäcker holen
- Kinder spielten auf Straße, Kind spielte mit
- kaufte 3 Briefmarken und 30 Rosinenbrötchen
- schleppte Tüten heim
- Eltern lachten
- aßen zusammen Rosinenbrötchen

Reparaturwerkstatt

Karten für die Aufsatzkartei

Fische aus Metallfolie

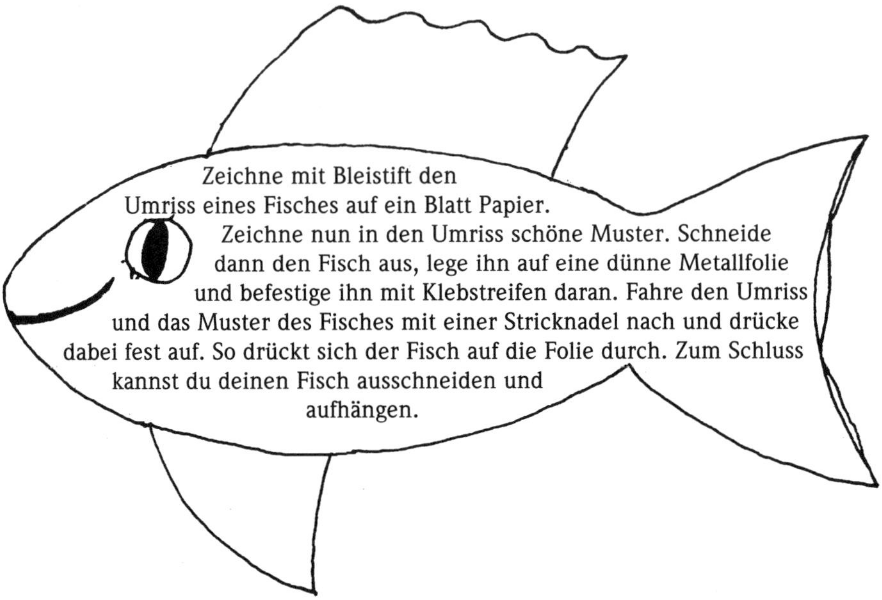

Das sind Lenas Stichpunkte dazu:

- Umriss
- Muster
- schneiden
- Metallfolie
- Klebestreifen
- Stricknadel
- durchdrücken
- ausschneiden

Verbessere Lenas Stichpunkte so, dass man die Anleitung versteht, und schreibe sie auf.

Das sind Pauls Stichpunkte dazu:

- Tisch abdecken
- Bleistiftumriss
- Linien nicht zu eng
- Kleberlinien
- überschüssigen Sand zurückschütten
- Bild gut trocknen lassen

Prüfe, ob Paul alles Wichtige notiert hat.
Verbessere und ergänze seine Stichpunkte auf dem Block.

Lernzielkontrolle: Kopiervorlage 33

Name: ______________________	Datum: __________	KV 33.1

Karte mit Fadendruck

1. Schreibe die Stichpunkte heraus.

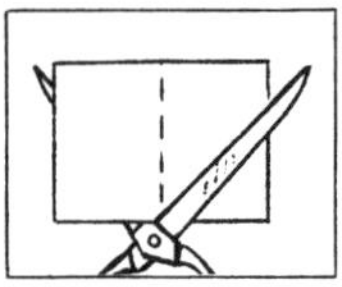

Falte ein DIN-A4-Blatt zur Hälfte und schneide es am Knick entlang auseinander.

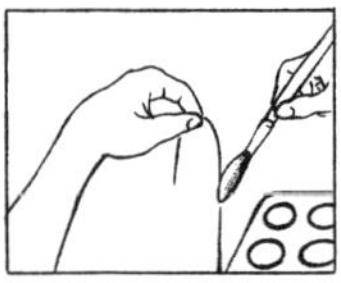

Rühre Wasserfarbe mit wenig Wasser an.
Streiche einen etwa 50 cm langen Wollfaden mit Wasserfarbe ein.
Die letzten 5 cm sollen ohne Farbe bleiben, damit du den Faden festhalten kannst.

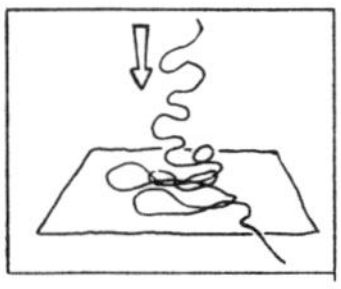

Lass den Faden locker auf das Papier fallen, sodass Bögen und Windungen entstehen.
Das trockene Fadenstück steht über das Papier hinaus.

Lege die zweite Hälfte des Papiers auf dein Fadenbild und darauf ein schweres Buch oder einen Katalog.

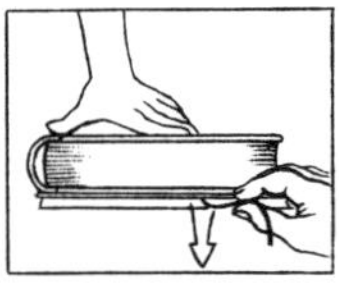

Stütze dich mit einer Hand auf das Buch und ziehe mit der anderen den Faden heraus. Ist dein Fadenbild nicht schön geworden?

KV 33.2

Stichpunkte

2. Finde zu den Bildern passende Stichpunkte.

Du hast von ___ Punkten ___ erreicht. Note: ___

Lösungsvorschlag:

Aufgabe 1
Bild 1: zur Hälfte falten, am Knick auseinanderschneiden
Bild 2: Wasserfarbe dick anrühren, Faden färben/anmalen/mit Farbe einstreichen, 5 cm übrig lassen
Bild 3: Faden auf Papier fallen lassen, trockenes Stück steht über
Bild 4: Papier und Buch auf Fadenbild legen
Bild 5: auf Buch stützen, Faden herausziehen

Aufgabe 2:
Bild 1: Tafel wischen
Bild 2: Blumen gießen

2.2 Beschreiben

Die Notwendigkeit des Beschreibens begleitet die Kinder von Anfang an durch ihr Leben, z. B. beim Beschreiben eines gewünschten Spielzeugs.
Das Beschreiben von Personen, Tieren, Pflanzen, Gegenständen, Wegen, Orten und Vorgängen erfordert besondere Konzentration und Aufmerksamkeit, sowie sprachliche Gestaltungs- und Vorstellungsfähigkeit. Durch vielfältige Beobachtungsübungen verfeinert das Grundschulkind diese Fähigkeiten.

Vorübungen

Im fächerübergreifenden Unterricht ergeben sich vielfältige Möglichkeiten, das mündliche Beschreiben von Gegenständen zu trainieren, z. B. bei sachkundlichen Themen.
Beschreibungsrätsel
- Tastkasten

Unter einem Tuch sind in einer Schachtel verschiedene Gegenstände versteckt. Ein Kind befühlt einen Gegenstand und beschreibt ihn so lange, bis er von den anderen Kindern erraten wird.
- Spielzeugrätsel

Ein Kind wählt für sich ein Spielzeug aus und stellt dazu Rätsel.
- Gebäude raten

Ein Kind beschreibt ein bekanntes Gebäude des Ortes (Straße, Park, Kirche).
Spiele
- Ich sehe was, was du nicht siehst, und das ist...

Ein Kind wählt einen Gegenstand im Klassenzimmer aus und gibt zuerst nur die Farbe an. Nach jedem Rateversuch der Anderen beschreibt es eine weitere Einzelheit, bis der Gegenstand erraten wird.
- Kleiderraten

Ein Kind beschreibt ein Kleidungsstück. Die anderen Kinder versuchen zu erraten, welches Kind es trägt.
- Pfänderspiel

Die Kinder geben gleichartige Gegenstände ab. Der Besitzer beschreibt sein Eigentum (z. B. Mütze, Mappe, Federmäppchen, Füller) so, dass es ein anderes Kind aus den Pfändern herausfinden kann.
- Teekessel raten

Je zwei Kinder beschreiben abwechselnd ein gleiches Wort mit unterschiedlichen Bedeutungen. Die anderen Kinder erraten den beschriebenen Begriff, z. B. Nagel (Fingernagel, Eisennagel), Löffel (zum Essen, Hasenohr), Hahn (Wasserhahn, Tier), Bremse (am Fahrzeug, Insekt), Strauß (aus Blumen, Vogel), Schloss, Blatt, Birne, Bank, Mutter, Tau, Feder, Ball, Boxer...

Beschreiben von Personen, Tieren und Gegenständen

Unterrichtsanregungen: Personen beschreiben

Lernziel: Genaues, knappes und sachliches Beschreiben der Merkmale einer Person

Material: Folie, Tafelanschrift 1 bis 5, Kopiervorlage 34

Einstieg
Kurze Lehrererzählung: Leon spielt gerne am Computer und chattet oft im Internet. Dabei hat er Noel kennen gelernt. Fast täglich schreiben sie sich E-Mails. Weil sie sich so gut verstehen, wollen sich beide treffen. Noel kommt mit dem Zug von München und will bei Leon übernachten. Er schickt ihm eine kurze Beschreibung von sich, damit Leon ihn am Bahnhof erkennt.
Folie:

> Hallo Leon,
> damit du mich erkennst, binde ich mir ein knallrotes Halstuch um. Meine dichten Haare sind etwa 3 cm lang, dunkelblond mit einer roten Strähne, die mir in die Stirn hängt und mich oft kitzelt. Ich habe hellblaue Augen, die leuchten wie das Meer, sagt meine Mama. In meinem linken unteren Backenzahn habe ich eine silberglänzende Füllung.
> Bis bald, Noel.

Die Kinder lesen die Beschreibung und finden heraus, dass daraufhin Noel nur schwer zu erkennen ist.

Zielangabe: Wir beschreiben Noel genauer.

Erarbeitung und Spracherkenntnis
Die Kinder unterstreichen auf der Folie die Textstellen, die Noel genau beschreiben.

> *knallrotes Halstuch*
> *Haare – etwa 3 cm lang, dunkelblond mit einer roten Strähne, die mir in die Stirn hängt, hellblaue Augen*

Die Kinder erkennen, dass Noel zu viel erzählt und zu wenig beschreibt. Gemeinsam formulieren sie die erste Regel (Tafelanschrift 1):

> Ich beschreibe eine Person sachlich und lasse persönliche Erlebnisse und Meinungen weg.

Die Lehrerin notiert die unterstrichenen Textstellen an der Tafel (Tafelanschrift 2):

So sieht Noel aus:
- knallrotes Halstuch
- dunkelblonde Haare etwa 3 cm lang, mit einer roten Strähne, die in die Stirn hängt
- hellblaue Augen

Die Lehrerin deckt nun die Eigenschaftswörter ab. Die Kinder bemerken, dass die Beschreibung dadurch ungenau wird, und erkennen die Notwendigkeit treffender Wörter.
Zweite Regelformulierung (Tafelanschrift 3):

Ich beschreibe eine Person möglichst genau und verwende für die Merkmale und Kennzeichen treffende Wörter.

Die Kinder erkennen, dass Noel so noch zu wenig beschrieben ist und weitere notwendige Einzelheiten fehlen.
Partnerarbeit: Welche kennzeichnenden Merkmale fehlen noch, damit man Noel erkennen kann?

Auswertung an der Tafel (Tafelanschrift 4):

Kennzeichnende Merkmale einer Person
* Figur und Größe
* Haare
* Augen
* Nase
* Mund
* Kleidung
* Besonderheiten

Arbeitsteilige Gruppenarbeit: Jede Gruppe sammelt treffende Eigenschaftswörter zu einem Merkmal.
Anschließend tragen sie diese vor und die Lehrerin notiert die treffenden Wörter an der Tafel (Tafelanschrift 5).

KV 34

Eigenschaftswörter zum Beschreiben von Merkmalen von Personen

Figur und Größe
schmächtig, zierlich, stämmig, dick, schlank, langbeinig, mager, untersetzt, hochgewachsen, groß, klein, mittelgroß ...

Haare
hell-, mittel-, dunkelblond, braun, schwarz, rot, lila ... – kurz, mittel, lang – fein, dicht – lockig, glatt – Pony ...

Augen
blau, grün, braun, schwarz – feine, buschige, dichte Augenbrauen ...

Nase
spitz, gekrümmt, breit, knollig, lang, Stupsnase ...

Mund
Lippen schmal, dick, herzförmig, breit ...

Kleidung
Jacke – Hose – Hemd – Pullover – T-Shirt – Bluse – Tuch – Schal – Schuhe – Mütze – Farbe – Muster – Material ...

Besonderheiten
Muttermal, Narbe, Brille ...

Die Kinder schreiben die Regeln in ihr Heft und kleben die kopierte Wortsammlung darunter.

Anwendung
Die Kinder malen Noel nach eigenen Vorstellungen und schreiben eine passende, genaue, knappe und sachliche Personenbeschreibung auf ein Extra-Blatt.
Differenzierung: Eine Gruppe erstellt die Beschreibung gemeinsam mit der Lehrerin, die anderen Kinder in Partner- oder Einzelarbeit.
Die Lehrerin hängt die Blätter an die Tafel. Einige Kinder lesen ihre Beschreibung vor, die anderen Kinder suchen das passende Bild. Dabei zeigt sich, welche Personenbeschreibungen gelungen und damit leicht zu erraten sind.

Weitere Übungen

Kinderrätsel (Beschreiben von Mitschülern)

Jedes Kind zieht einen Zettel mit dem Namen eines Kindes und einer Nummer und schreibt eine entsprechende Beschreibung auf ein Blockblatt oder am PC. Fertige Beschreibungen werden in eine Schachtel gelegt. Je vier Kinder nehmen eine Beschreibung, versuchen das Kind zu erraten und erarbeiten mögliche Verbesserungen (vgl. Kapitel 5 Schreibkonferenzen). Der Verfasser schreibt die überarbeitete Version noch einmal und hängt sie mit der Nummer auf ein Plakat im Klassenzimmer. In der Freiarbeit lesen die Kinder die Beschreibungen und notieren auf einem Zettel Nummer und Name aller beschriebenen Kinder. Wenn die meisten Kinder die Rätsel gelöst haben, wird jedes Rätsel nochmals vorgelesen und die Kinder nennen ihre Lösungen. Ggf. werden die Rätsel ein weiteres Mal überarbeitet und in einem Rätselbuch zusammengefasst.

Wechselnde Zeitwörter und Satzanfänge

Personenbeschreibung auf Folie:

> Das ist Svenja
>
> Sie ist groß und schlank und hat lange Beine.
> Sie hat blonde, lange Haare mit einem Pony.
> Sie hat blaue Augen und eine Stupsnase.
> Sie hat einen Mund mit herzförmigen Lippen.
> Sie hat ein rot-weiß-kariertes Hemd und eine blaue Jeans an.
> Dazu hat sie schwarze Lackschuhe an.

Beim Lesen stellen die Kinder fest, dass der Text gleiche Satzanfänge und gleiche Zeitwörter hat. Sie markieren diese und schlagen Verbesserungen vor, die die Lehrerin unter dem Text auf der Folie notiert.

Regelformulierung:

> Ich verwende verschiedene Satzanfänge und Zeitwörter.

Im Anschluss verbessern die Kinder die Beschreibung schriftlich.

Lösungsvorschlag:

Das ist Svenja
Svenja ist groß und schlank. Sie trägt ihre langen, blonden Haare mit einem Pony. Ihre Augen leuchten blau. Ihre Lippen sind herzförmig. Sie hat eine Stupsnase. Ihr rot-weiß-kariertes Hemd sieht lustig aus. Die blauen Jeans machen Svenjas lange Beine noch länger. Svenja liebt ihre schwarzen Lackschuhe.

Personen raten
Die Lehrerin und/oder die Kinder bringen Material zum Verkleiden mit. Vier Kinder dürfen sich unterschiedlich kostümieren. Jedes Kind wählt eine Verkleidung aus und beschreibt sie schriftlich. Anschließend lesen einzelne Kinder ihre Beschreibungen vor, während die anderen Kinder raten.

Suchanzeige
Jedes Kind schneidet aus einer Zeitschrift eine beliebige Person aus, beschreibt sie und formuliert anschließend eine Suchanzeige.
Variante: Ein Kind verkleidet sich, die anderen schreiben anhand der Merkmale eine Suchanzeige.

Lückentext als Hilfe für schwächere Kinder:

Suchanzeige
Seit ____________ wird ______________ vermisst. Er wurde zuletzt am __________ gegen ______ Uhr in _____ gesehen. Der Verschwundene ist etwa ______ Jahre alt. Er ist bekleidet mit ______________________ . Außerdem trägt er ____________________________________. Besonders auffallend ist/sind ____________________________. Weitere Merkmale sind __________________ . Vermutlich hat der Mann ___________________________ dabei. Wer den Vermissten gesehen hat, meldet dies bitte _______________.

Tiere beschreiben
Die Regeln für eine Personenbeschreibung werden auf das Beschreiben von Tieren übertragen.

Tierbeschreibung in Zeitlupe
Die Lehrerin zeigt den Kindern in Zeitlupe, wie ein Hase aus seinem Versteck kommt. Dazu deckt sie auf einer Folie nach und nach den Hasen mit einem Papierstreifen auf. Die Kinder beschreiben die einzelnen Körperteile Schritt für Schritt: Kopf mit Augen, Ohren und Schnauze, Körper, Beine und Fell.

Beschreibungsvorschlag:
Der Kopf ist oval. Bei der flachen Nase sind die Nasenflügel deutlich zu sehen. Aus den Backen wachsen Schnurrbarthaare. Seitlich im Gesicht sitzen die großen dunklen Augen. Oben am Kopf hat der Hase lange, spitze Ohren, die man auch Löffel nennt. Seine vorderen Beine sind dünn und kurz, die hinteren Beine, auch Läufe genannt, sind stärker und länger. Sein kurzes, dichtes Fell ist braungrau. Den kleinen Stummelschwanz nennt man auch Blume.

Besuch im Zoo
Im Anschluss an einen Zoobesuch beschreiben die Kinder in Partnerarbeit auf dem Block ihr Lieblingstier ohne dessen Namen zu nennen. Beim Vorlesen der Beschreibungen erraten die anderen Kinder das Tier.

Abbildungen als Hilfe für schwächere Kinder:

Gegenstände beschreiben

Die Regeln für eine Personenbeschreibung werden auf das Beschreiben von Gegenständen übertragen.

Wunschzettel

Die Kinder beschreiben ein Spielzeug ihrer Wahl für ihren Wunschzettel. Wichtig sind Form, Farbe, Größe, Material, besondere Kennzeichen und Verwendungszweck, damit das richtige Geschenk gekauft werden kann.
Beispiel: Mein Lenkdrache soll wie ein geschwungenes Dreieck geformt sein. Er soll ungefähr einen Meter breit und einen Meter hoch sein. Schön ist ein Drache aus regenbogenfarbigem Nylon. An seinen Stangen sind zwei Schnüre befestigt. Sie enden in zwei Spulen, die man als Lenkhilfe braucht. Die Schnüre sind mindestens 30 m lang.

Verlustanzeige

Die Kinder beschreiben verlorengegangene Gegenstände wie z. B. Federmäppchen, Büchertasche, Turnschuhe...

Müllmonster

Die Kinder basteln im Kunstunterricht ein Müllmonster aus verschiedenen Verpackungsresten wie Jogurtbechern, Blechdosen, Schrauben, Glühbirnen... und beschreiben es.

Reparaturwerkstatt

Karten zum Üben und für Freiarbeit:

Ersetze [er] durch andere passende Wörter.
Du kannst die Sätze auch umstellen.

Junge verschwunden!
Gesucht wird ein Junge. Er heißt Sebastian Melzer. Er ist 10 Jahre alt, 152 m groß und schlank. Er hat braune Augen. Er trägt ein rotes Sweatshirt und blaue Jeans. Er hat besondere Merkmale...

Setze treffende Zeit- und Eigenschaftswörter ein.

Junge verschwunden!
Simon hat eine Jacke und Jeans an. Auf dem Kopf hat er ein Käppi. An den Füßen trägt er Turnschuhe mit Schnürsenkeln. Simon hat am Knie ein Pflaster. Er hat im Gesicht Sommersprossen. Er hat seinen Hund dabei und trägt einen Rucksack...

Kreuze die beste Beschreibung an und unterstreiche treffende Wörter.

Halskette verloren!

1. Ich habe vorgestern meine Halskette liegengelassen. Sie ist ganz neu und meine Eltern haben gesagt, ich darf sie auf keinen Fall verlieren. Doch vorgestern, nach dem Sportunterricht, war sie plötzlich verschwunden. ☐
2. Ich habe meine Halskette verloren. An der dünnen Silberkette befindet sich ein runder Anhänger, darin ist ein blauer Stein. Neben dem silbernen Verschluss zum Aufdrehen ist ein kleines Plättchen mit dem Stempeldruck 925 angebracht. Ich habe sie vorgestern im Umkleideraum der Sporthalle verloren. ☐
3. Meine Kette ist silbern und lang. Sie hat einen funkelnden Anhänger und ist erst drei Wochen alt. Der Verschluss ist einfach zu öffnen. Wahrscheinlich ist mir das vorgestern beim Sportunterricht passiert. ☐

Name: ______________________ KV 35

Armbanduhr verloren!

Wähle unten passende Wörter aus und setze sie ein.

Meine ________________armbanduhr der Marke ____________ hat ein ____________________ Lederarmband. Das Gehäuse ist ____________ und hat eine _______________ Form. Das Zifferblatt ist ________________ und trägt in der unteren Mitte in ________________ Schreibschrift den ________________.
Auf dem Zifferblatt sind nur _______________ , ____________ Ziffern eingetragen, nämlich die 6, die 9 und die 12. Die anderen Stunden sind mit ______________________ Markierungsstrichen angedeutet. Neben dem Strich bei 3 Uhr ist auf gleicher Höhe eine Datumsanzeige, die rot umrandet ist. Die Armbanduhr hat einen ________________, ________________, Sekundenzeiger ohne Spitze. Die Minuten- und Stundenzeiger sind ______________.

grünen	rotbraunes	silbern	silber	schwarzen
weiß	blauer	arabische	drei rote	Herren-
Saturn	Firmennamen	langen	kreisrunde	dünnen

Lösungsvorschlag:
Meine **Herren**armbanduhr der Marke **Saturn** hat ein **rotbraunes** Lederarmband. Das Gehäuse der Uhr ist **silbern** und hat eine **kreisrunde** Form. Das Zifferblatt ist **weiß** und trägt in der unteren Mitte in **blauer** Schreibschrift den **Firmennamen.** Auf dem Zifferblatt sind nur **drei rote, arabische** Ziffern eingetragen, nämlich die 6, die 9 und die 12. Die anderen Stunden sind mit **grünen** Markierungsstrichen angedeutet. Neben dem Strich bei 3 Uhr ist auf gleicher Höhe eine Datumsanzeige, die rot umrandet ist. Die Armbanduhr hat einen **langen, dünnen, schwarzen** Sekundenzeiger ohne Spitze. Die Minuten- und Stundenzeiger sind **silber.**

Lernzielkontrolle: Kopiervorlage 36

Name: ______________________	Datum: __________	KV 36

Personenbeschreibung

1. Male die Person farbig aus.
2. Beschreibe sie genau.

Du hast von ___ Punkten ___ erreicht. Note: ___

Beschreiben von Wegen

Unterrichtsanregungen: Wegbeschreibung

Lernziel: Genaues Beschreiben eines Weges unter Angabe von Richtungen, Entfernungen und einprägsamen Wegepunkten

Material: Ortsplan (Kopiervorlage 37 als Folie und Arbeitsblatt) für jedes Kind, eine Spielfigur, Tafelanschrift 1 und 2

Verbindung zum Sachunterrichtsthema „Orientierung im Raum"

Vorarbeit: Orientierungsübungen

- Blinder Parcours

Ein Kind führt ein zweites Kind mit verbundenen Augen mit mündlichen Anweisungen durch den Raum, z. B.: Gehe geradeaus, stopp, drehe dich nach rechts...

- Gelenkter Parcous

Ein Kind führt ein anderes Kind mit mündlichen Anweisungen von einem Ausgangspunkt im Klassenzimmer zu einem Zielpunkt, z. B.: Gehe von der Klassenzimmertür geradeaus an drei Tischen vorbei, biege nun nach links ab und laufe bis zur blauen Büchertasche...

- Meine Wohnstraße

Die Kinder beschreiben „ihre" Straße (bei sehr langer Straße nur einen Ausschnitt), ihren Verlauf, abgehende Straßen, markante Gebäude und Besonderheiten und fertigen eine Skizze dazu an.

- Mein Schulweg

Partnerarbeit: Kind 1 erklärt seinem Partner seinen Schulweg. Dabei soll der Partner die Wegskizze zeichnen. Damit diese möglichst genau wird, kann er nachfragen und Kind 1 kann Zusatzerklärungen geben. Anschließend wird getauscht.

Erste Übungen zur groben Orientierung (Kopiervorlage 37)

Partnerübung: Im Wechsel beschreiben die Kinder selbst gewählte Wege, z. B. Kind 1: „Ich gehe von der Schule aus am Spielplatz vorbei, überquere auf dem Zebrastreifen die Straße und marschiere am Fluss entlang. Nun biege ich nach links ab und gehe über eine Brücke. Rechts sehe ich nun einen Wald und links die Kirche. An der Haltestelle warte ich auf den Bus." Dabei ziehen beide Kinder mit einer Spielfigur auf dem Arbeitsblatt den beschriebenen Weg entlang.

Überleitung

Kurze Lehrererzählung:

Giovanni, ein junger Tourist aus Italien ist im Hotel „Goldener Schwan" abgestiegen und fragt nach dem Weg zum Museum. Ein Mann erklärt ihm den Weg so: „Sie gehen die Straße hinunter und biegen dann nach links ab." Aber Giovanni kommt woanders an.

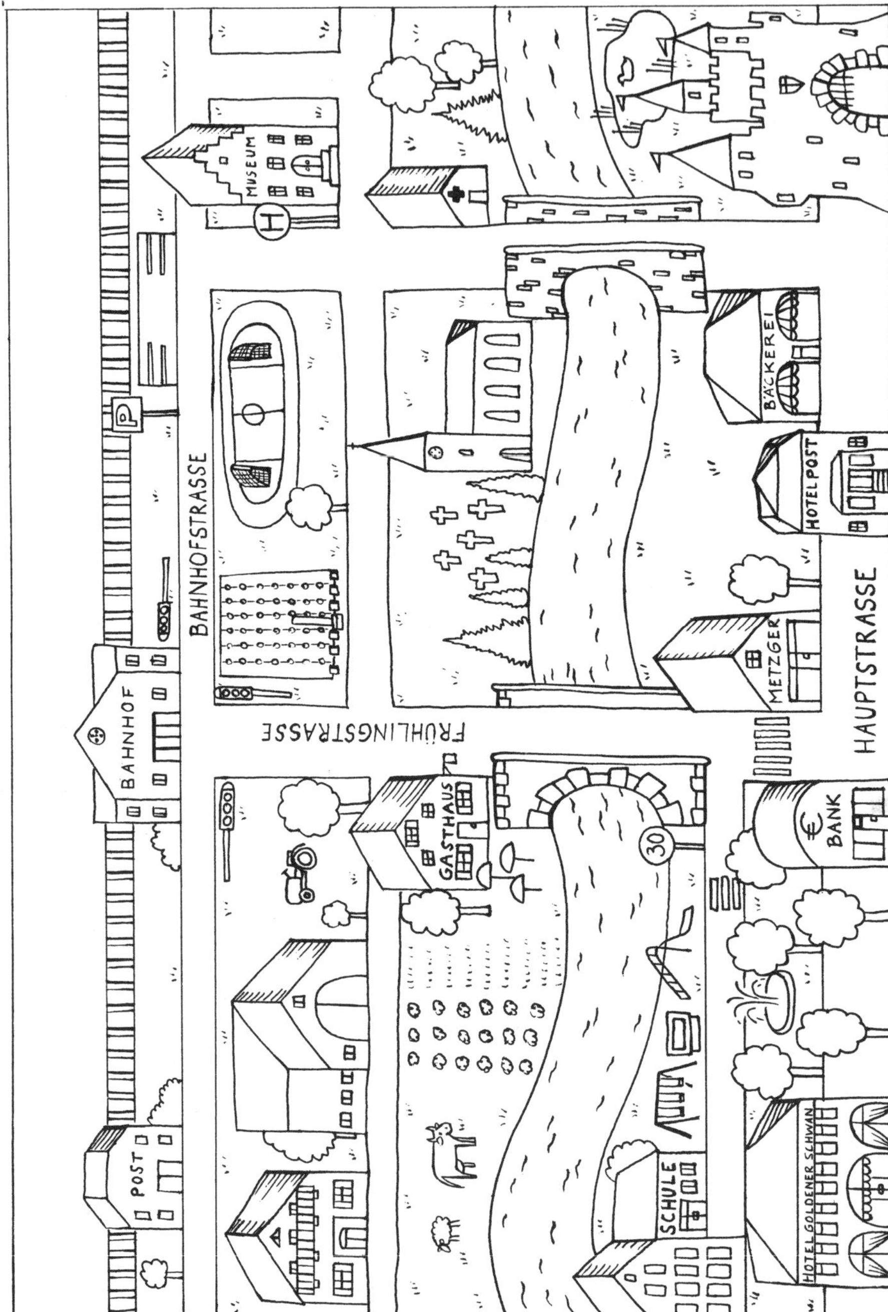
BAHNHOFSTRASSE
FRÜHLINGSTRASSE
HAUPTSTRASSE
MUSEUM
H
P
BAHNHOF
POST
GASTHAUS
30
BÄCKEREI
HOTEL POST
METZGER
BANK
SCHULE
HOTEL GOLDENER SCHWAN

Ein Kind zeigt den angegebenen Weg auf der Folie, während die Kinder mit ihrer Figur der Wegbeschreibung auf ihrem Arbeitsblatt nachgehen. Dabei erkennen sie, dass der Mann den Weg zum Museum nicht genau beschrieben hat. Nach der Beschreibung des Mannes landet Giovanni am Bahnhof.

Problemstellung: Wie kannst du Giovanni den Weg zum Museum genau beschreiben?

Erarbeitung

Ein Kind fährt mit einem Stift schrittweise den Weg auf der Folie ab, während die anderen Kinder entsprechend mit ihrer Figur auf ihrem Plan vorrücken. Dabei beschreibt das Kind jedes Teilstück genau. Die Lehrerin notiert die Wegbeschreibung in Stichpunkten an der Tafel (Tafelanschrift 1: Kursiv gedruckte Wörter), z. B.:

- Sie gehen *vom Hotel Goldener Schwan vor bis* zur *Kreuzung.*
- Hier *biegen* Sie *nach links ab* in die *Frühlingsstraße* und laufen immer *geradeaus bis* zum *Bahnhof.*
  Dabei kommen Sie am Friedhof und am Gasthaus „Zum Sandmann“ vorbei.
- *Vor* dem *Bahnhof* biegen Sie nach *rechts in die Bahnhofstraße* und gehen bei der *ersten Straße nochmals nach rechts.*
- Gleich *nach der Kreuzung* sehen Sie das *Museum.*

Dabei arbeiten die Kinder heraus, welche Informationen für eine genaue Wegbeschreibung wichtig sind:

- Straßenverläufe, wie z. B. Rechts- und Linkskurve, Kreuzung, Straßennamen...
- Gebäude, wie z. B. Bahnhof, Post, Museum, Hotel, Restaurant, Schule, Friedhof, Kirche...
- Landschaftsmerkmale, wie z. B. Fluss, Teich, Brunnen, Wald, Feld...
- Verkehrsmerkmale, wie z. B. Zuggleis, Bushaltestelle, Ampel, Verkehrsschild, Parkplatz, Brücke...
- Öffentliche Plätze, wie z. B. Spielplatz, Marktplatz...
  Außerdem werden sprachliche Formulierungen abgewogen: Einerseits muss eine Wegbeschreibung informativ und ausführlich sein, andererseits soll sie knapp gehalten sein, da man sich zu viele Einzelheiten nicht merken kann.

Spracherkenntnis und Regelformulierung (Tafelanschrift 2):

Wichtige Merkmale einer Wegbeschreibung: • Straßennamen, Richtungen und Straßenverläufe • Verkehrsmerkmale • Gebäude • Landschaftsmerkmale Ich beschreibe Wege genau und sachlich.

Die Kinder schreiben die Regel in ihr Heft, kleben die Kopiervorlage ein und schreiben die Wegbeschreibung darunter (Tafelanschrift 1). Sie unterstreichen die Merkmale in der Regel und der Wegbeschreibung jeweils mit der gleichen Farbe.

Anwendung
Die Kinder beschreiben schriftlich weitere Wege, z. B. den Weg vom Hotel zur Post.

Weitere Übungen

Wortschatzübung
Die Kinder sammeln hilfreiche Wörter für Wegbeschreibungen an der Tafel und übertragen sie dann auf ein Plakat als Hilfe für weitere Übungen, z. B.:
* Straße: Haupt-, Seiten-, Nebenstraße, Gasse, Allee, Weg...
* geradeaus gehen, rechts oder links abbiegen, überqueren...
* links neben, kurz vor, gegenüber von... usw.

Ratespiel
Die Lehrerin schreibt jeweils ein markantes Gebäude, einen Platz und ein Landschaftsmerkmal vom obigen Plan auf einen kleinen Zettel und faltet ihn. Jedes Kind zieht zwei Zettel und schreibt vom gezogenen Anfangspunkt zum Zielpunkt eine Wegbeschreibung auf. Wer fertig ist, sammelt sich im Sitzkreis und liest seine Wegbeschreibung vor, ohne den Zielpunkt zu nennen. Die anderen Kinder „wandern" auf ihrem Arbeitsblatt der Wegbeschreibung nach und geben dann das Ziel an.

Eigene Pläne zeichnen
Die Kinder zeichnen Ortspläne mit besonderen Merkmalen (Schulumgebung, Wohnviertel, ...) und schreiben dazu Wegbeschreibungen auf.

Reparaturwerkstatt

Zum Verbessern der Wegbeschreibungen benötigen die Kinder Kopiervorlage 37.

Verbessere die Wegbeschreibung und achte auch auf die Zeitwörter.
Der Weg von der Schule zum Bauernhof Du musst links und dann noch mal links gehen. Du gehst geradeaus, bis du rechts den Bauernhof siehst.

Verbessere die Wegbeschreibung und achte auf einen sachlichen, knappen Stil.
Der Weg von der Post zur Burg Wenn du dich von unserem schönen alten Postgebäude Richtung Bahnhof wendest, siehst du auf der rechten Seite den riesengroßen Bauernhof von Bauer Pfann. Bei der Ampel biegst du rechts in die Frühlingsstraße und läufst diese weiter entlang. Du kommst am nicht geheizten Schwimmbad ohne Sprungturm vorbei und siehst gegenüber das Gasthaus mit einem großen Biergarten. Anschließend siehst du den Friedhof und überquerst die wunderschön geschwungene Brücke, die über unseren romantischen Fluss führt. Du biegst nicht in die Straße am Zebrastreifen ab, sondern erst in die nächste Straße links. Jetzt bist du auf dem Weg zur Burg. Vor der Burg kommst du noch an unserem Metzger und Bäcker mit den leckeren Laugenbrezeln vorbei.

Handlungsanweisungen

Die Spielanleitungen und Rezepte eignen sich für das „Buch gegen Langeweile" (vgl. Kap. 1.1).

Unterrichtsanregungen: Spielanleitung

Lernziel: Die Abläufe einer Spielhandlung erkennen, als Spielanleitung formulieren und folgerichtig aufschreiben

Material: Hörspiel, Tafelanschrift 1 und 2

Einstieg: *Hörspiel* (auf Kassette gesprochen oder von Kindern mit verteilten Rollen gelesen)

Bianca: Spielt ihr mit mir Stehbock – Freibock?
Tim: Au ja, du bist aber der Fänger.
Bianca: Hab dich. Stehbock.
Svenja: Schnell, Freibock, lauf davon.
Bianca: Das gilt nicht. Du hast Tim nur abgeschlagen, aber du musst doch unter ihm durchkrabbeln, um ihn zu befreien.
Marco: Quatsch. Bei uns muss der Stehbock doch sofort versteinert stehenbleiben. Dann kann man nicht durchkrabbeln.

Die Kinder äußern sich zur gehörten Situation und überlegen, wie man den Streit lösen kann. Sie finden heraus, dass man sich auf genau festgelegte Regeln einigen muss, damit es beim Spielen nicht zu Missverständnissen kommt.

Zielangabe: Wir schreiben die Spielregeln auf.

Erarbeitung und Spracherkenntnis
Vier Kinder spielen im Klassenzimmer Stehbock-Freibock vor, anschließend klären alle Kinder mündlich die genauen Spielregeln.
Lehrerinformation: Spielregeln für Stehbock-Freibock
Es gibt ein bis zwei Fänger. Sie schlagen die Läufer mit dem Ruf „Stehbock" ab, worauf diese wie versteinert stehen bleiben. Die Mitspieler können die Abgeschlagenen durch Handschlag und den Ruf „Freibock" erlösen, sodass diese wieder mitspielen können.
Die Kinder nennen stichpunktartig die Spielregeln, die Lehrerin notiert diese ungeordnet an der Tafel (Tafelanschrift 1). Gemeinsam bringen die Kinder diese durch Nummerieren in die richtige Reihenfolge.
Partnerarbeit: Die Kinder schreiben zu den Stichpunkten ganze Sätze auf.
Beim Vergleichen einiger Anleitungen wird folgende Regel gefunden und eine Anleitung als Muster an die Tafel geschrieben (Tafelanschrift 2):

Spielregeln

Ich schreibe eine Spielregel mit kurzen Sätzen in der richtigen Reihenfolge auf.

Spielregeln für Stehbock-Freibock:
Es gibt ein bis zwei Fänger.
Sie schlagen die Läufer mit dem Ruf „Stehbock" ab.
Der Gefangene bleibt wie versteinert stehen.
Die anderen Läufer können einen Gefangenen durch einen Handschlag und mit dem Ruf „Freibock" erlösen.
So können die Erlösten wieder mitspielen.

Die Kinder schreiben die Regel und den Spielverlauf in ihr Heft.

Anwendung
Die Kinder schreiben zu weiteren Fangspielen eine Spielanleitung, z. B.:
Wer fürchtet sich vorm Schwarzen Mann?
Der Fänger, der Schwarze Mann, steht auf der einen Seite des Spielfelds.
Die anderen Spieler stehen ihm gegenüber.
Der Schwarze Mann ruft: Wer fürchtet sich vorm Schwarzen Mann?
Die Mitspieler antworten: Niemand.
Sie laufen sofort zur anderen Spielfeldseite und weichen dem Schwarzen Mann aus.
Dieser läuft ihnen entgegen und versucht möglichst viele Kinder abzuschlagen.
Die abgeschlagenen Spieler fangen im nächsten Durchgang zusammen mit dem Schwarzen Mann.
Gewonnen hat der letzte, nicht abgeschlagene Spieler.

Weitere Übungen

Die obigen und folgenden Spielanleitungen der Kinder (Partner- oder Gruppenarbeit) lassen sich zu einer Spielkartei zusammenfassen.

Muster für eine Karteikarte:

Name des Spiels: ____________________

____

Spieleranzahl: ___

Das brauchst du: ____________________

____

Spielverlauf:

____

____

____

____

____

____

Gewonnen hat, wer ____________________

____

____

Spielregeln zu einem Brettspiel erfinden

Die Kinder erhalten einen vorgedruckten Spielplan, zu dem sie in Gruppenarbeit Spielregeln erfinden und ggf. Ereignis-, Frage- und Antwortkarten gestalten.

Beispiel für eine Ereigniskarte:

Sprich den Zungenbrecher fehlerfrei nach: Blaukraut bleibt Blaukraut und Brautkleid bleibt Brautkleid. Hast du es geschafft, dann rücke zwei Felder vor.

Ereigniskartenvordrucke

Spielplan

Name: ______________________ Datum: __________ KV 38

Das Spiel „Fischer, welche Fahne weht heute?“

1. Welche Regeln hat der Schreiber der Spielanleitungen nicht beachtet?
   Schreibe zu jeder Spielanleitung deine Kritik und begründe sie.

Falsche Reihenfolge	Zu ausführlich	Unvollständig
Zu ungenau	Nicht sachlich	Unklar

Spielanleitung 1
Ein Spieler ist der Fischer. Er nennt die Farben der Fahne und fängt die Kinder, die keine passende Farbe haben.
Meine Kritik: ____

____

Spielanleitung 2
Die Spieler stehen sich gegenüber. Ein Spieler ist der Fischer, er steht alleine auf seiner Seite. Die Kinder rufen ihm ganz laut zu: Fischer, Fischer, welche Fahne weht heute? Der Fischer überlegt sich eine Farbe und schreit sie den Kindern zu. Diese prüfen, ob sie diese Farbe an ihrer Kleidung finden können. Wenn ja, freuen sie sich und laufen langsam über den Platz auf die andere Seite des Spielfeldes, während die restlichen Kinder schnell vor dem Fischer davonlaufen. Dieser muss sich nun beeilen, sie zu fangen. Er rennt, so schnell er kann, ihnen entgegen und freut sich, wenn er jemanden erwischt hat.
Meine Kritik: ____

____

Spielanleitung 3
Der Fischer ruft den Kindern eine Farbe zu. Gewonnen hat, wer als Letzter noch nicht gefangen wurde. Ein Spieler ist der Fischer und stellt sich auf die eine Seite des Feldes, die Mitspieler stehen ihm gegenüber, auf der anderen Seite. Wer die genannte Farbe nicht an seinen Kleidungsstücken vorzeigen kann, läuft schnell auf die andere Seite. Denn wer gefangen ist, wird zum Fischer. Das Spiel beginnt damit, dass die Kinder dem Fischer zurufen: Fischer, Fischer, welche Fahne weht heute? Der Fischer darf nur diejenigen fangen, die die gewünschte Farbe nicht vorzeigen können.
Meine Kritik: ____

____

2. Zusatzaufgabe
   Schreibe eine eigene Spielanleitung und denke an unsere Regeln.

Unterrichtsanregungen: Bananenmilch (Rezept, Vorgangsbeschreibung)

Lernziele: Das Aufzählen des benötigten Materials und das Beschreiben der Arbeitsschritte als wesentliche Elemente einer Vorgangsbeschreibung erfassen; einen Vorgang mit kurzen und klaren Sätzen sachlich und in der richtigen Reihenfolge beschreiben.

Material: Zutaten, Mixer, Bildkarten, Kopiervorlage 39 (als Arbeitsblatt und Folie), Tafelanschrift

Einstieg
Die Lehrerin packt nacheinander die Zutaten aus und stellt sie auf den Tisch: 1 Liter Milch, ein Päckchen Vanillinzucker, zwei Bananen, Brett, Messer, Mixgerät und Becher. Die Kinder benennen die Gegenstände und vermuten, was damit zu tun ist.

Zielangabe 1: Wir mixen heute Bananenmilch.

Erarbeitung und Spracherkenntnis
Die Kinder bringen ihr Vorwissen ein und äußern sich zum Ablauf.
Partnerarbeit: Die Kinder ordnen die Bildkarten in die vermutete richtige Reihenfolge. (siehe KV 39)

Die Lehrerin mixt eine erste Portion Bananenmilch. Die Kinder achten dabei genau auf die einzelnen Arbeitsschritte.
Am Overheadprojektor ordnen die Kinder die Folienbilder und sprechen dazu.
Im Gespräch klären sie: Für das Gelingen des Rezepts ist die genaue Angabe von Zutaten und ihrer Menge notwendig. Die Arbeitsschritte sind in der richtigen Reihenfolge einzuhalten. Die Kinder ordnen ihre Bildkarten dementsprechend.
Sie stellen das Mixen der Bananenmilch pantomimisch dar.

Zielangabe 2: Damit jedes Kind Bananenmilch auch alleine mixen kann, schreiben wir das Rezept auf.

KV 39

Bildkarten

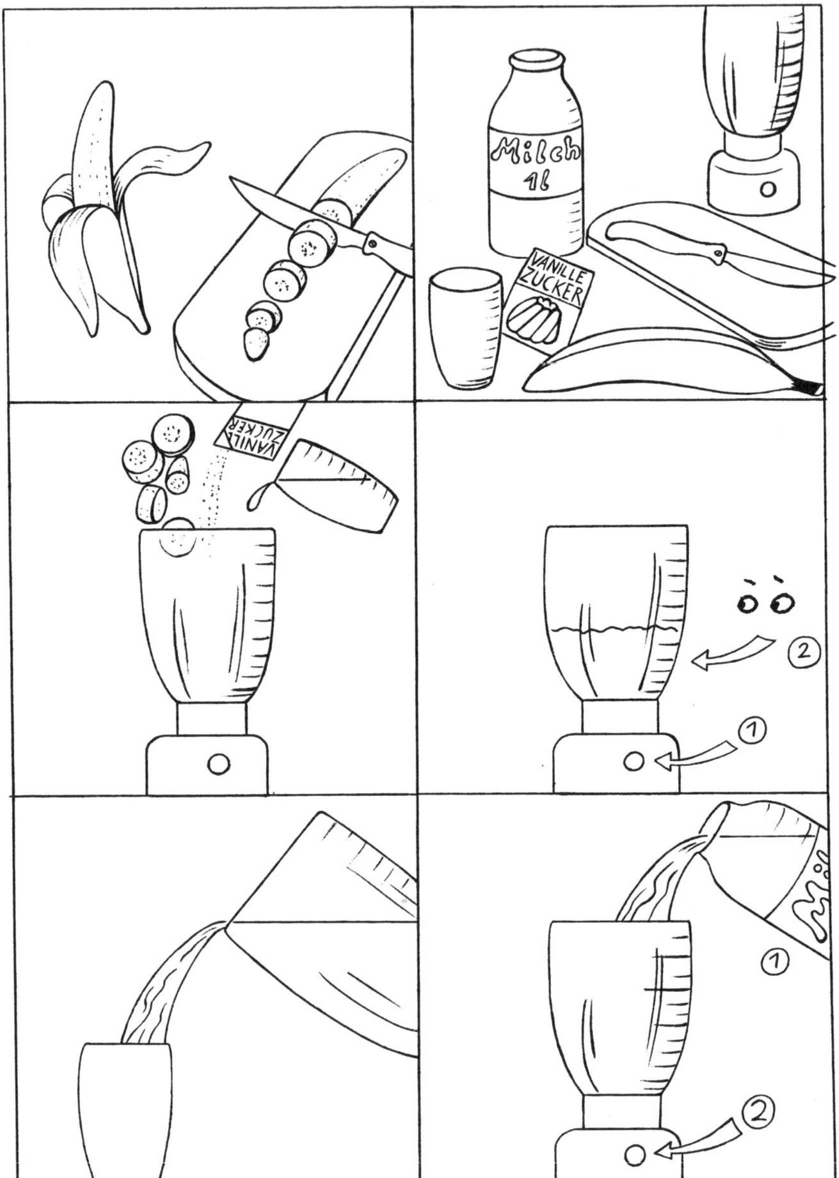

Die Kinder nennen die Zutaten und zu den einzelnen Bildern Stichpunkte (Tafelanschrift 1):

Bananenmilch	
Ich brauche:	1 Liter Milch ein Päckchen Vanillinzucker zwei Bananen Brett Messer Mixgerät Becher
So geht's:	1. Zutaten bereit stellen 2. Bananen schälen, in Stücke schneiden 3. Zutaten in den Mixer geben 4. zu Mus mixen 5. mit Milch auffüllen, weitermixen 6. in Becher gießen

Regelformulierung (Tafelanschrift 2):

> So schreibe ich ein Rezept auf:
>
> Zuerst zähle ich auf, was ich brauche.
> Ich achte auf die richtige Reihenfolge der Arbeitsschritte.

Die Kinder formulieren in Partnerarbeit den ersten Schritt aus, schreiben ihn auf und lesen ihre Beschreibung vor. Zettel mit akzeptablen Formulierungen werden an die Tafel gehängt. Ggf. unterstützt die Lehrerin die Regelfindung mit einem Negativbeispiel (Zuerst stelle ich mir für meine leckere Bananenmilch, auf die ich mich schon lange gefreut habe und das erste Mal alleine machen darf, alle Zutaten bereit).
Tafelanschrift: 1. Zuerst stelle ich alle Zutaten bereit. (siehe Tafelanschrift 1)
Regelformulierung und Tafelanschrift 3:

> Ich schreibe jeden Arbeitsschritt kurz und sachlich auf.

Die Kinder schreiben die Tafelanschriften 1–3 in ihr Heft und kleben die Bilder darunter ein.

Anwendung
Gruppenarbeit: Reihum formuliert jedes Kind mündlich einen Arbeitsschritt, während die anderen Kinder ihn kritisch bewerten und ggf. verbessern. Jedes Kind merkt sich seinen Schritt und schreibt ihn dann auf.
Anschließend trägt jede Gruppe „ihr" Rezept vor, während die Klasse dazu Stellung nimmt. Zettel mit gelungenen Formulierungen werden an verschiedenen Stellen im Zimmer befestigt, z. B. alle Zettel mit Arbeitsschritt 1 am Schrank.
Die Kinder schreiben wie beim Laufdiktat das vollständige Rezept satzweise in ihr Aufsatzheft.

Weitere Übungen
Für ein Rezeptbuch sammeln die Kinder ihre Lieblingsrezepte und ausländische Rezepte.

Muster für ein Rezeptblatt:

Rezept
Zutaten:
____
____
____
____
____
____
Zubereitung:
____
____
____
____
____
____
____
Viel Spaß beim Ausprobieren und guten Appetit!

Wechselnde Satzanfänge
Die Kinder erhalten ein Rezept für Käseplätzchen in Stichpunkten. Sie formulieren die Stichpunkte aus und achten auf wechselnde Satzanfänge (vgl. Kapitel 1.2).

Käseplätzchen
- Zutaten:

250 g Mehl
250 g Margarine
250 g geriebener Käse
1 Eigelb
- Zubereitung:

Mehl, Margarine und Käse in eine Schüssel geben
Zu Teig verkneten
Blech einfetten
Teighäufchen auf Blech setzen
Bei 180 Grad 10 Minuten backen

Differenzierung:
Mögliche Satzanfänge als Hilfe: Schließlich, danach, zuerst, nun, jetzt, dann, als Nächstes, anschließend.

Gegenwart
Lilly schickt ihrem Brieffreund Lorenz ein Rezept für Erdbeershake.

- Zutaten:

300 g Erdbeeren
2 Päckchen Vanillinzucker
1/2 Liter Milch
2 Kugeln Vanilleeis
- Zubereitung

Zuerst wusch ich die leckeren, frisch gepflückten Erdbeeren, danach entfernte ich die Blätter und den Stiel. Danach schnitt ich die Erdbeeren mit einem scharfen Obstmesser klein. Nun gab ich die Erdbeeren, den Vanillinzucker, die Milch und das Eis in Mamas Mixer und schaltete ihn an. Als alles gut gemixt war, schüttete ich den Erdbeershake in zwei Gläser und ließ ihn mir mit meiner Freundin Anne schmecken.

Die Kinder arbeiten heraus, dass das Rezept nicht sachlich verfasst ist. Vielmehr erzählt Lilly, wie sie das Getränk einmal gemixt hat, und bringt persönliche Bemerkungen ein. Die Kinder formulieren das Rezept sachlich um und erkennen dabei, dass die Zeitform Gegenwart anzuwenden ist.

Regelformulierung:

Ich verwende bei Vorgangsbeschreibungen die Gegenwart.

Im Anschluss schreiben die Kinder das Rezept als sachliche Darstellung in die Gegenwart um.

Lösungsvorschlag:
Zuerst wasche ich die Erdbeeren, danach entferne ich die Blätter und den Stiel. Danach schneide ich die Erdbeeren mit einem Obstmesser klein. Nun gebe ich die Erdbeeren, den Vanillinzucker, die Milch und das Eis in einen Mixer. Wenn alles gut gemixt ist, schütte ich den Erdbeershake in Gläser.

Richtige Reihenfolge
Die Kinder erhalten das Rezept für einen Fruchtjogurt als Wortkarten. Sie bringen diese in die richtige Reihenfolge und schreiben das Rezept auf.

Zutaten herrichten
Obst säubern
Obst klein schneiden
Jogurt und Sahne verrühren
Obst dazugeben
fertig

Differenzierung: Anstatt der Wortkarten erhalten die Kinder die Zutatenliste und erstellen damit die Anleitung.
Zutatenliste: Verschiedenes Obst, zwei Becher Naturjogurt, ein Becher Sahne, Messer, Schneidbrett, Schüssel, Löffel.

Anwenden der erarbeiteten Regeln bei einer Gebrauchsanleitung

Erweitern um folgende Regel:

Mit Fachausdrücken kann ich den Sachverhalt genau beschreiben.

Bedienung eines Fahrkartenautomaten

Die Kinder bringen die Bilder an der Tafel in die richtige Reihenfolge. Dann bearbeiten sie das Arbeitsblatt (Kopiervorlage 40).

Name: ______________________	Datum: ____________	KV 40

Die Bedienung eines Fahrkartenautomaten

① Schreibe unter jedes Bild die Nummer des passenden Stichpunkts.

1. Fahrkartenwunsch wählen
2. Preisanzeige lesen
3. Geld einwerfen
4. Karte entnehmen
5. Wechselgeld entnehmen

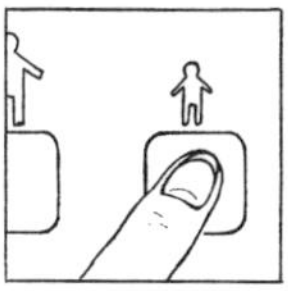
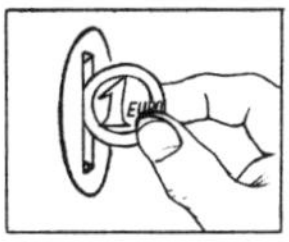
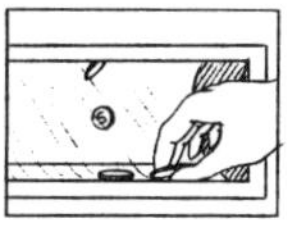
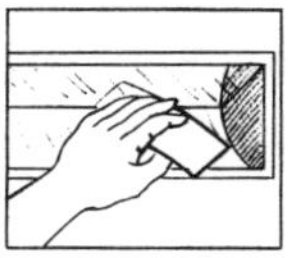

○ ○ ○ ○ ○

② Schreibe eine Bedienungsanleitung für den Fahrkartenautomaten.

Weitere Bedienungsanleitungen:

- Wecker stellen
- Fahrrad aufpumpen
- Videorekorder bedienen
- E-Mail verschicken

Reparaturwerkstatt

Schreibe das Rezept sachlich auf und denke an unsere Schreibtipps.
Gestern hatte ich Lust auf einen Fruchtjogurt. Deshalb holte ich mir Obst, Jogurt und Sahne. Dann wusch ich das Obst, dann schälte ich es und dann schnitt ich es klein. Freudig verrührte ich dann den Jogurt mit der Sahne. Danach gab ich das Obst dazu. Juhu, jetzt war mein Fruchtjogurt endlich fertig und ich konnte meinen Hunger stillen.

Lösungsvorschlag:
Zuerst richte ich alle Zutaten her. Dann säubere ich das Obst. Danach schneide ich das Obst klein. Jetzt verrühre ich den Jogurt und die Sahne in einer Schüssel. Zuletzt gebe ich das klein geschnittene Obst dazu.

Lernzielkontrolle: Kopiervorlage 41

Name: ______________________	Datum: __________	KV 41

Rezept Kräuterkäse

Zutaten: 250 g Magerquark, 2 – 3 Esslöffel Milch, 200 g Frischkäse, 1 Bund Radieschen, frische Kräuter

Betrachte die Bilder und schreibe auf, wie du den Kräuterkäse zubereitest.

Zubereitung:

____

____

____

____

____

____

Du hast von ___ Punkten ___ erreicht. Note: ___

2.3 Kurze Sachtexte

Das Berichten in Form von kurzen Sachtexten fällt den Kindern leichter als Beschreiben, da das Berichten über Handlungen und Vorgänge das Interesse der Kinder oft mehr weckt. Vielfältige Beobachtungen im Sachunterricht führen zu ersten mündlichen Berichten. Durch gezieltes Schulen der Beobachtungsfähigkeit und schriftsprachliche Übungen werden die Kinder zum korrekten Berichten angeleitet.

Vorübungen

Informationsquellen nutzen
Beispiele für Informationsquellen: Lexika, Sachbücher zum Thema, Zeitungen, Kinderzeitschriften, Informationsschriften (Broschüren), Internet, CD-ROMs, Faxabruf, Bücherei, Befragen von Erwachsenen (Interview), Radio, Fernsehen, Kassette, Video, Stadtpläne, Landkarten.

- Die Kinder verschaffen sich zu einem Thema aus dem Sachunterricht, z. B. Tiere, einen ersten Überblick, welche Informationsquellen sie nutzen können.
- In einem ausgewählten Text unterstreichen die Kinder wesentliche Informationen und geben mündlich die Kernaussagen des Textes wieder.
- Sie schreiben die Kernaussagen in Form von Stichpunkten auf (vgl. Kap. 2.1).

Genaues Beobachten und Berichten im Unterrichtsgespräch
Nach dem gemeinsamen Betrachten eines Filmes oder nach einem Lerngang teilen die Kinder ihre Beobachtungen mit, ergänzen und berichtigen diese. Dabei lernen sie, genau zuzuhören und auf den Gesprächspartner einzugehen.

Pantomimisches Darstellen von Sachsituationen
Z. B.: Tisch decken, Fahrrad reparieren, sich waschen. Danach beschreiben die Kinder die Darstellung und schreiben die einzelnen Handlungsschritte in der richtigen Reihenfolge auf.

Klassentagebuch
Zunächst schreiben einzelne Kinder vor Unterrichtsbeginn Erlebnisse des Vortages in ein bis zwei Sätzen an die Tafel. Diese kurzen „Tafelgeschichten“ tragen die Kinder anschließend in ein Klassentagebuch ein. Im Laufe des Schuljahres werden die Berichte nach und nach ausführlicher.

Ausstellungsstücke beschriften
Bei selbst gestalteten Ausstellungen schreiben die Kinder erklärende Texte zu den Ausstellungsstücken.

Beispiel:

Altes Bügeleisen von Familie Meier aus dem Jahr 1890 noch ohne Stecker wird mit glühendem Kohlestück im Innern erwärmt

Unterrichtsanregungen: Klassensprecherwahl (Vorgang nach Beobachtung)

Lernziele: Das Wesentliche einer Beobachtung in Stichpunkten festhalten; einen sachlichen Bericht mit kurzen Sätzen in der ersten Vergangenheit erstellen.

Material: Vergrößerte Bilder von Kopiervorlage 42, Folien, Tafelanschrift 1 – 4

Verbindung zum Sachunterricht: „Demokratische Mitwirkung“

Einstieg: Ankündigen der Klassensprecherwahl

Die Kinder sollen die einzelnen Wahlschritte genau verfolgen, damit sie danach ein Wahlprotokoll verfassen und die Wahl nachvollziehen können.

Zielangabe: Wir schreiben einen Bericht über unsere Klassensprecherwahl.

Erarbeitung und Spracherkenntnis

Gemeinsam führt die Klasse unter Anleitung der Lehrerin die Klassensprecherwahl durch.

- Tafelanschrift 1: Namen der Kandidaten
- Allgemeine, geheime, gleiche Wahl und Stimmabgabe: Jedes Kind schreibt einen Namen auf einen Zettel, faltet diesen und wirft ihn in die Wahlurne.
- Auszählen der Stimmen: Hinter den Namen an der Tafel wird für jede abgegebene Stimme ein Strich gemacht.
- Wer die meisten Stimmen erhalten hat, ist Klassensprecher.

Nach ersten Äußerungen zur Wahl schreiben die Kinder ihre Beobachtungen zum Wahlvorgang in Stichpunkten auf (Partner- oder Gruppenarbeit).

Die Kinder bringen die vergrößerten Bilder von Kopiervorlage 42 an der Tafel in die richtige Reihenfolge und schreiben jeweils einem treffenden Stichpunkt dazu (Tafelanschrift 2). Im Gespräch wird die Notwendigkeit der richtigen Reihenfolge für einen erfolgreichen Ablauf hervorgehoben.

Beim Vergleichen der folgenden Berichte erarbeiten die Kinder Kennzeichen eines guten Berichts.

Name: ______________________	Datum: __________	KV 42

Unsere Klassensprecherwahl

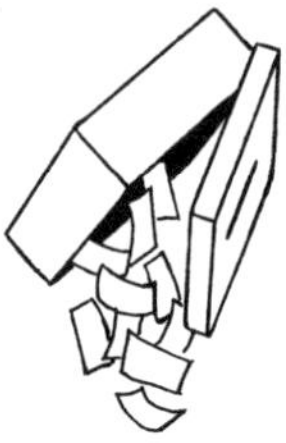

Folie:

Beispiel 1	Unsere Klassensprecherwahl

Zuerst fragte die Klasse geeignete Bewerber, ob sie sich zur Wahl aufstellen lassen.
Der Wahlleiter schrieb die Namen der Kandidaten an die Tafel.
Jedes Kind entschied sich für einen Kandidaten und schrieb seinen Namen geheim auf einen Zettel.
Anschließend warf jeder seinen gefalteten Stimmzettel in die Wahlurne.
Beim Auszählen der Stimmen las ein Kind den gewählten Namen laut vor, ein anderes machte an der Tafel bei dem Kandidaten jeweils einen Strich.
Das Kind mit den meisten Stimmen gewann die Wahl.
Das Kind mit den zweitmeisten Stimmen wurde Stellvertreter.

Beispiel 2	Unsere Klassensprecherwahl

Zuerst suche ich mir Freunde aus und schlage sie als Kandidaten vor.
Ich hoffe, sie lassen sich für die Wahlliste aufstellen.
Nun geht es an die Wahl.
Auf einen Zettel darf ich meinen Favoriten aufschreiben.
Diesen falte ich ganz klein zusammen, dass ihn niemand lesen kann, und werfe ihn in die Wahlbox.
Jetzt wird es spannend. Die Stimmen werden ausgezählt.
Hoffentlich hat mein Freund die meisten Stimmen bekommen.

Nach dem Lesen der Beispiele und beim Vergleichen mit den Stichpunkten (Tafelanschrift 2) arbeiten die Kinder heraus:
Beispiel 1: Sachlich, vollständig, in der richtigen Reihenfolge, in der ersten Vergangenheit.
Beispiel 2: Unvollständig, ungenau, zu persönlich, nicht sachlich genug, ausschweifend.

Regelformulierung (Tafelanschrift 3):

So schreibe ich einen Bericht:

- sachlich
- kurze Sätze
- 1. Vergangenheit

Die Kinder schreiben Beispiel 1 und die Regelformulierung in ihr Heft.

Name: ______________________ KV 43

Verhalten bei Feueralarm

Anwendung: Kopiervorlage 43

Die Kinder erarbeiten gemeinsam Stichpunkte zu den Bildern (Tafelanschrift 4), aus denen sie dann einen Bericht erstellen:

- Fenster schließen
- Klassenzimmertür schließen
- Kranken und Verletzten helfen
- in Zweierreihen aus dem Schulhaus gehen
- draußen Kinder nachzählen

Weitere Übungen

Beobachtungsanlässe zum Erstellen von weiteren Berichten:

Tiere im Tiergarten oder Haustiere, Handwerker, Unfall, Lerngang in den Wald, Bericht über eine Reparatur, Wanderung, Feier, Sportfest, Übung der Feuerwehr, Hausarbeit.

W-Fragen als Schreibhilfe

Das Kind beantwortet zuerst sog. W-Fragen, ergänzt mit den Antworten seine Stichpunkte und formuliert daraus einen Bericht.

W-Fragen
Wen oder *was* hast du beobachtet?
Wann hast du das beobachtet?
Wo ist es passiert?
Wie war der genaue Ablauf?

Umformen einer Geschichte zu einem Bericht

Unterstreiche zuerst, was wichtig ist.
Schreibe dann einen Bericht darüber und denke an unsere Regeln.

An einem schönen Sommertag fahren Viktoria und Mark an einen See um zu paddeln. Dort angekommen laden sie zuerst ihre Sachen aus dem Auto. Unter Ächzen und Stöhnen heben sie gemeinsam das Boot vom Dach. Schnell ziehen sie dann ihre Badesachen und die Schwimmwesten an. Mark ist schon lange fertig und wird ungeduldig, weil Viktoria so lange braucht. Deshalb ärgert er sie und nennt sie eine Schlaftablette. Endlich sind sie fertig angezogen und schleppen ihr Boot zum Seeufer. Viktoria steigt ins Boot und hält die Paddel, während Mark das Boot ins Wasser schiebt und zu ihr klettert. Eine Weile paddeln sie still vor sich hin. Plötzlich sehen sie etwas auf dem Wasser treiben. Neugierig rudern sie darauf zu. Mark versucht den Gegenstand ins Boot zu holen. Doch dabei beugt er sich zu weit hinaus und plumpst ins Wasser. Lachend zieht Viktoria den tropfnassen Mark wieder ins Boot. Aber der Gegenstand ist inzwischen verschwunden.

Lernzielkontrolle: Kopiervorlage 44 (3. Schuljahr), Kopiervorlage 45 (4. Schuljahr)

Name: ______________________	Datum: __________	KV 44

Kindergeburtstag

① Schreibe zu jedem Bild Stichpunkte auf den Block.
② Mach aus den Stichpunkten einen Bericht und schreibe ihn auf.

Du hast von ___ Punkten ___ erreicht. Note: ___

Name: ______________________	Datum: __________	KV 45

Der Unfall

① Schreibe zu jedem Bild Stichpunkte auf den Block.
② Mach aus den Stichpunkten einen Bericht und schreibe ihn auf.

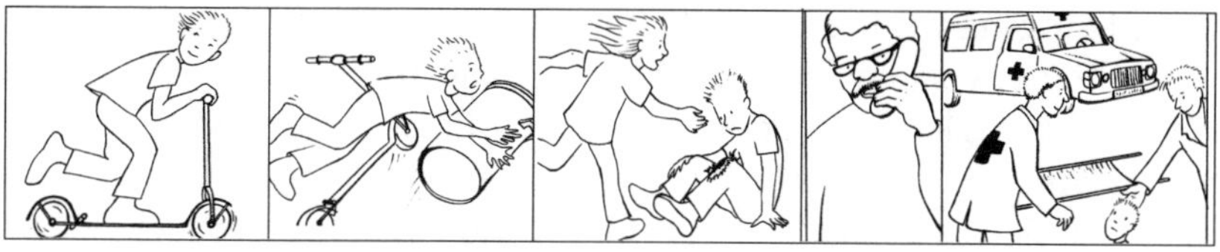

____

____

____

____

____

____

____

③ Mach aus dieser Geschichte einen Zeitungsbericht

Panne

Familie Paulsen ist mit dem Auto unterwegs in den Urlaub. Da knallt es plötzlich laut. „Bloß keine Panne“, ruft Papa aufgeregt. Aber es knallt und rappelt immer lauter. Mama lenkt das Auto vorsichtig auf einen Parkplatz. Aber das Auto knallt und rappelt weiter. Papa öffnet die Motorhaube und schaut besorgt hinein. Da ruft Peter aufgeregt: „Papa, schau mal, da hinten am Auto hängt der Auspuff herab.“

____

____

____

____

____

Du hast von ___ Punkten ___ erreicht. Note: ___

(Aus: *Waltraud Borries* und *Edith Tauscheck*, Mimi, die Lesemaus. Oldenbourg Schulbuchverlag GmbH. München 2001)

Sachtexte über Lebewesen nach Beobachtung

Allgemeingültige Sachtexte werden in der Gegenwart verfasst.

Besuch im Zoo, Freigehege oder auf einem Bauernhof
Bei einem Ausflug in den Zoo, auf den Bauernhof oder in ein Freigehege erstellen die Kinder erste Beschreibungen ausgewählter Tiere in Stichpunkten (vgl. Kap. 2.1).
Vor dem Lerngang wird ein Beobachtungsraster erarbeitet, z. B.:
Name des Tieres, Vorkommen, Aussehen, Nahrung, Beschreibung des Geheges...
Anschließend vergleichen und ergänzen die Kinder die gefundenen Informationen mit Angaben aus Tierlexika und Bestimmungsbüchern.
Dann stellen sie aus den gefundenen Informationen einen fortlaufenden Sachtext zusammen und tragen ihn der Klasse als Kurzreferat vor. Bilder und Plakate können den Vortrag veranschaulichen.

Sachsituation Waldsterben
Die Lehrerin besorgt die kostenlosen Broschüren „Wald in Gefahr" beim Bayerischen Staatsministerium für Ernährung, Landwirtschaft und Forsten, Ludwigstr. 2, 80539 München. Gemeinsam liest und bespricht die Klasse die Texte über die Gefährdung des Waldes. Anschließend bearbeiten die Kinder in Kleingruppen einzelne Aspekte, z. B. Vielfalt des Waldes, Kreislauf der Nährstoffe, Funktionen des Waldes (Boden-, Wasserschutz, Holz, Erholung, Klima, Lärmschutz, Filterwirkung), natürliche Gefährdungen (Witterung, tierische und pflanzliche Schädlinge, Wildschäden), Gefährdung durch den Menschen (Rodung, Luftverschmutzung, saurer Regen), Gegenmaßnahmen.
Die Kleingruppen suchen in Lexika, Sachbüchern, Internet sowie Schulbüchern zusätzliche Informationen, ergänzen ihre Berichte damit und legen zu jedem Stichpunkt eine Karteikarte für die „Sachkartei Wald" an.
Literatur zum Thema:

- The Earth Works Group, Kinder machen 50 starke Sachen, damit die Umwelt nicht umfällt. Deutsche Taschenbuch Verlag GmbH und Co. KG. München 1993
- Irmgard Lucht, Die Wald-Uhr. Das Jahr des Waldes mit seinen Pflanzen und Tieren. Heinrich Ellermann Verlag. München 1987
- Broschüren von Greenpeace e.V., Infoversand. 22745 Hamburg. www.Greenpeace.de
- Landesbund für Vogelschutz in Bayern e.V., Eisvogelweg 1, 91161 Hiltpoltstein. Tel. 09174/4775-0
- Robin Wood, Bundesgeschäftsstelle Postfach 102122, 28021 Bremen; Fachreferent Wald: Nernstweg 32, 22765 Hamburg, www.Robinwood.de

- Gemeinsame Informationsstelle der Bayerischen Staatsregierung, Postfach 220011, 80535 München

Langzeitbeobachtungen

Wasserkreislauf im Glasgarten
Im Sachunterricht beobachten die Kinder einen Versuch zum Wasserkreislauf. Dabei füllt jede Gruppe in ein Einweckglas eine Schicht Holzkohle (verhindert Schimmelbildung) und darauf eine Schicht Pflanzenerde. Dann stecken die Kinder kleine Pflänzchen (z. B. Moos oder Farn mit Wurzeln) in die Erde und gießen sie mit Wasser. Anschließend spannen sie mit Gummi eine Frischhaltefolie darüber, um das Glas luftdicht abzuschließen. Auf einem Beobachtungsblatt halten die Kinder fest, was in der nächsten Woche geschieht. Dazu teilen sie ein Blatt in fünf Spalten ein, beschriften es mit den Wochentagen und tragen täglich ihre Beobachtungen ein.
Anschließend werten die Gruppen ihr Blatt aus und stellen die Ergebnisse auf einem Plakat vor.
Zusatzaufgabe: Jede Gruppe entwirft einen Hefteintrag.

2.4 Meinungen und Anliegen

Unterrichtsanregungen: Briefe schreiben – Anliegen formulieren

Lernziel: Kennen des formalen Aufbaus eines Briefes

Material: Umschläge, Folien, Briefbögen, Kopiervorlage 46 und 47 als Folie und Arbeitsblatt

Einstieg:

Umschlag
Gruppenarbeit: Jede Gruppe erhält etwa drei Umschläge mit unvollständigen Angaben und einen vollständig beschrifteten Umschlag.

Zielangabe: Wir finden heraus, worauf wir beim Briefe schreiben achten müssen.

Erarbeitung:
Die Kinder nennen die fehlenden Angaben, suchen den „richtigen“ Umschlag heraus und beschriften einen Umschlag auf Folie. Dabei geht die Lehrerin auf die Begriffe Adressat, Absender, Anrede und Postleitzahl ein. Danach beschriftet jedes Kind seinen eigenen, mitgebrachten Umschlag.

Beispiel Folie:

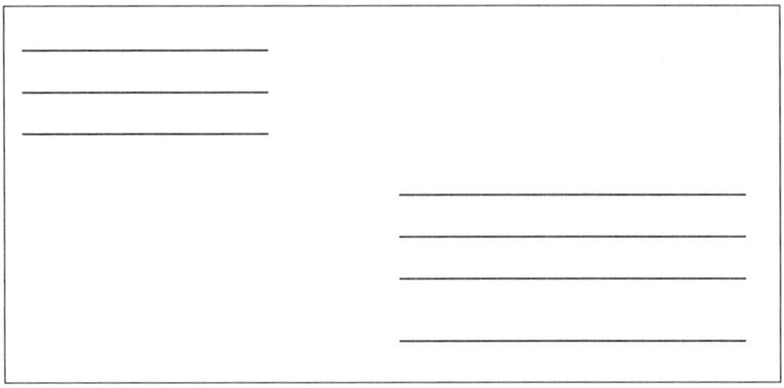

Lösungsvorschlag

Name — Briefmarke
Straße und Hausnummer
Postleitzahl und Ort

Anrede
Name
Straße und Hausnummer
Postleitzahl und Ort

Briefbogen

Gruppenarbeit: Die Kinder vergleichen von ihnen mitgebrachte Briefe und suchen gemeinsame Kennzeichen zum Aufbau eines Briefes heraus.
Gemeinsam beschriften Kinder und Lehrerin beide Briefbögen auf Folie. Dabei geht die Lehrerin ein auf die Begriffe Anrede, Empfänger, Kontaktperson, Schreibanlass, Grußformel und Absender. Danach überträgt jedes Kind den persönlichen und den sachlichen Brief auf die mitgebrachten Briefbögen.

Beispiel Folie: Der persönliche Brief

Datum
(eine freie Zeile) Anrede Brieftext Leerzeilen Grußformel Unterschrift

Der sachliche Brief

Name des Absenders Straße und Hausnummer Postleitzahl und Ort Telefonnummer Leerzeilen Name des Empfängers, z. B. der Firma evtl. Name der Kontaktperson Straße und Hausnummer Postleitzahl und Ort Leerzeilen Schreibanlass nennen, z. B. Spendenaufruf für ... Leerzeile Anrede Leerzeile Brieftext Leerzeile Grußformel Unterschrift	Datum

KV 46

Regeln für einen persönlichen Brief

- Anredefürwörter
  Die persönlichen Fürwörter wie „du, deine, dich, ihr, euch, eure" werden meist kleingeschrieben, können in Briefen aber auch großgeschrieben werden; Fürwörter für Personen, die man siezt, wie Sie, Ihnen usw. werden immer großgeschrieben.

  Beispiel:
  Ich wünsche **dir/Dir,** liebe Jana, zu **deinem/Deinem** Geburtstag alles Gute.
  Ich wünsche **Ihnen,** lieber Herr Meyer, zu **Ihrem** Geburtstag alles Gute.

- Anrede
  Setzt man nach der Anrede ein Komma, geht es in der neuen Zeile klein weiter, setzt man stattdessen ein Ausrufezeichen, geht es groß weiter.

  Beispiel:
  Liebe Angie**,**
  wie geht es dir (Dir)?

  Lieber Benjamin**!**
  Wie geht es dir (Dir)?

- Mögliche Anredeformen

  Beispiele: Liebe(r), Sehr geehrte(r), Hallo

- Schreibstil
  In persönlichen Briefen geht man auf seinen Briefpartner ein, spricht ihn höflich an und beantwortet dessen Fragen.

- Mögliche Grußformeln am Briefende

  Beispiele: Herzlichst, Viele Grüße, Herzliche Grüße, Tschüss und bis bald, Mit einem dicken Bussi, Es grüßt dich herzlich, Alles Liebe und viele Grüße, Mit freundlichen Grüßen usw.

KV 47

Regeln für einen sachlichen Brief

- Betreff
  Schreibanlass in Stichwörtern, damit der Adressat sofort weiß, worum es geht.

  Beispiel: **Pausenhofgestaltung**

- Mögliche Anredeformen

  Beispiele:
  Sehr geehrte(r) Frau/Herr ..., Sehr geehrte Damen und Herren

- Briefbeginn
  Der Schreiber stellt sich dem Adressaten zuerst kurz vor und formuliert dann sein Anliegen.

- Schreibstil
  Sachliche Briefe verfasst man höflich, sachlich und kurz.

- Mögliche Grußformeln am Briefende

  Beispiele: Mit freundlichem Gruß, Mit freundlichen Grüßen, usw.

Die Kinder kleben die Umschläge, Briefbögen und Kopiervorlagen in ihr Heft.

Weitere Übungen

Brief an einen Freund oder an eine Freundin
Die Kinder berichten von einem Erlebnis aus den letzten Ferien.

Beschwerdebrief
Die Kinder schreiben auf, was sie an diesem Schultag gestört hat und wie man dies ändern könnte. Sie können die Briefe anonym in den Klassenkummerkasten werfen oder von der Lehrerin vorlesen lassen.

Leserbrief
Die Kinder bringen interessante Zeitungs- oder Zeitschriftenartikel mit und heften diese an eine Pinnwand. Zu einem Thema ihrer Wahl formulieren die Kinder einen Leserbrief.

Brief an eine Behörde
Die Kinder richten Bitten oder Vorschläge an eine Behörde, z. B.:

- Glasscherben oder Hundekot auf dem Spielplatz
- Errichten einer Skaterbahn
- Änderungen im Pausenhof
- Einrichten eines Jugendtreffs

Auswahl von Spielen für ein Klassenfest – Meinungen begründen

Vorarbeit: Wir schreiben eine Einladung

Im Klassengespräch tragen die Kinder zusammen, welche Informationen eine Einladung enthalten sollte.

Tafelanschrift:	Beispiel
Wer wird eingeladen?	*Liebe Meike,*
Wozu wird eingeladen?	*ich lade dich zu meiner Geburtstagsfeier ein.*
Wann ist die Feier?	*Wann: Montag, 5. Mai von 15 bis 18 Uhr*
Wo ist die Feier?	*Wo: Burgstr. 10*
Besonderheiten?	*Komme bitte verkleidet als dein Lieblingsstar.*
Wer lädt ein?	*Dein Timm*

Nach diesem Leitfaden erstellt die Klasse eine Einladung zum Klassenfest.

Unterrichtsanregungen: Begründen der eigenen Meinung

Lernziel: Sachliches, adressatenbezogenes Begründen einer Sichtweise

Material: Folie, Tafelanschrift, Spiel- und Bastelbücher

Einstieg:
Die Lehrerin weist die Kinder auf das geplante Klassenfest hin: Im Klassenzimmer soll mit den Eltern gefeiert werden und es sollen mehrere Stationen zum Spielen und Basteln aufgebaut werden.

Zielangabe: Wir wählen Stationen für unser Klassenfest aus.

Erarbeitung
Lehrerin: Beim Auswählen von Spielen könnte es euch so gehen wie Timo und Anna. Sie streiten und können sich nicht einigen.

Die Kinder lesen das Gespräch der beiden auf Folie mit verteilten Rollen.

Anna:	Timo:
Ich möchte die Reise nach Jerusalem spielen, weil es Spaß macht.	Schokoladenessen macht auch Spaß und wenn man sich dabei verkleidet, ist das wirklich lustig.
Aber bei meinem Spiel kann man sich zur Musik bewegen, beim Schokoladenessen sitzt man nur doof rum.	Aber für dein Spiel braucht man viel Platz. Das Beste an meinem Spiel ist, dass man Schokolade essen kann und keiner rumsteht, weil er ausgeschieden ist.
Wenn ich es mir so recht überlege, hast du recht.	

Die Kinder unterstreichen die Argumente der beiden auf Folie in verschiedenen Farben. Sie erkennen, dass Timo seine Spielwahl sachlich erklärt und begründet und somit Anna überzeugen kann.

Regelformulierung und Tafelanschrift 1:

> So bringe ich meine Meinung vor:
>
> Ich begründe meine Meinung sachlich, sodass man meine Gründe verstehen kann.

In Partnerarbeit führen die Kinder das obige Streitgespräch weiter und versuchen dabei sachlich zu argumentieren.
Die Kinder sammeln Formulierungen zum Begründen (Tafelanschrift 2):

> Wörter zum Begründen:
>
> meiner Meinung nach; ich finde, dass; ich meine, dass; wenn es nach mir ginge, dann; für mich; ich denke, dass; meiner Ansicht nach...

Die Kinder übertragen Tafelanschrift 1 und 2 in ihr Heft.

Anwendung
Gruppenarbeit (je vier Kinder): Die Kinder suchen ein geeignetes Spiel oder eine Bastelidee für das Klassenfest und begründen ihre Entscheidung. Dabei können sie Spiele und Bastelbücher zu Hilfe nehmen.
Ein Kind schreibt den Vorschlag der Gruppe mit Begründung auf eine Folie.
Zuletzt stimmt die Klasse ab, welche fünf Stationen aufgebaut werden.

Im Anschluss erweitert die Klasse die Einladung mit den geplanten Stationen.

Zusatzinformation für die Lehrerin:

Spielanleitungen
- Die Reise nach Jerusalem

Material: Kassettenrekorder, Musikkassette, Stühle
Die Stühle stehen Lehne an Lehne in einer langen Reihe. Es ist ein Stuhl weniger da, als es Mitspieler sind. Die Kinder laufen zur Musik in einer Richtung um die Stühle herum. Bei Musikstopp versucht jeder Mitspieler sich blitzschnell auf einen Stuhl zu setzen. Da in jeder Runde ein Stuhl entfernt wird, scheidet jeweils das Kind aus, das keinen Sitzplatz findet. Wer den letzten Sitzplatz ergattern kann, hat gewonnen.
- Schokoladenessen

Material: eine verpackte Tafel Schokolade, ein Messer, eine Gabel, eine Mütze, ein Schal, Handschuhe, ein Würfel
Die Spieler sitzen im Kreis um einen Tisch und würfeln reihum. Wenn ein Kind eine Sechs würfelt, zieht es Schal, Mütze und Handschuhe an, versucht mit Messer und Gabel schnell die Schokolade zu öffnen und zu essen. Dabei wird pausenlos weitergewürfelt. Das Kind darf solange essen, bis der nächste Spieler eine Sechs würfelt, dann ist dieser an der Reihe. Wenn die Schokolade aufgegessen ist, endet das Spiel.

Weitere Übungen

Themen zum Begründen der eigenen Meinung
- Ziele für einen Wandertag
- Wünsche für den Schullandheimaufenthalt
- Pausenhofgestaltung
- Werben für Zusatzangebote an der Schule, z. B. Inlineskatekurs, Streetball...
- Klassenzimmer- und Schulhausgestaltung
- Gestalten von Geburtstagsfeiern in der Klasse
- Spiele für unsere nächste Sportstunde
- Auswahl einer Klassenlektüre
- Auswahl eines Themas für den Sachunterricht („Unser Thema“)

Rollenspiele
- Klappkarten

Je zwei Kinder erhalten eine Klappkarte, auf deren Vorder- und Rückseite die Rolle steht.
Beispiel: Stephan will einen Hund.

Vorderseite: Du bist Stephan und willst unbedingt einen Hund. Überlege dir Argumente, die deinen Vater überzeugen.
Rückseite: Du bist Stephans Vater und bist gegen einen Hund als Haustier. Überlege dir Argumente, die deinen Sohn überzeugen, dass ein Hund für eure Familie nicht in Frage kommt.
Die Kinder setzen sich gegenüber und versuchen den Partner sachlich zu überzeugen.

Variante:
Die Kinder agieren in Dreiergruppen. Eine Person ist der Schiedsrichter, der sein Veto einlegen kann, wenn die Diskussion nicht mehr sachlich ist und zu einem Streit führt.

Weitere Themen:
- Dauer der Computer- oder Fernsehzeit
- Wochenendplanung
- Kleidungswünsche
- Hobbywünsche
- Taschengeld

Den eigenen Standpunkt darstellen
Talkshow: Die Kinder erhalten jeweils eine Karte mit einer vorgegebenen Meinung. Dann setzen sich mindestens sechs Kinder in einen Kreis oder in eine Reihe und notieren sich auf ihrem Block Argumente dazu. Im gemeinsamen Kreisgespräch tragen sie in ihrer zugeteilten Rolle die gefundenen Argumente vor.

Beispiele:
- Schule von 9 bis 16 Uhr – ja oder nein?

Kind 1: Toll, dann könnte ich länger schlafen.
Kind 2: Dann fällt das Mittagessen aus und ich kann gleich zu Abend essen.
Kind 3: Da ist der ganze Nachmittag schon vorbei. Bis ich mit den Hausaufgaben fertig bin, kann ich nicht mehr spielen und meinen Hobbies nachgehen.
Eltern 1: Das wäre gut, dann hätten wir am Morgen mehr Zeit.
Eltern 2: Dann müsste mein Kind immer morgens alleine zurechtkommen, weil ich schon in der Arbeit wäre.
Lehrer: Da würden doch viele Kinder zu spät zur Schule kommen, da die Eltern bereits arbeiten.
Chef: In meiner Firma wäre das undenkbar, denn wir haben ab acht vollen Betrieb. Da kann keiner erst um halb zehn Uhr anfangen.

- Mit dem Fahrrad zur Schule?
- Schuhe mit Plateausohlen?

- Den ganzen Tag in Turnschuhen?
- Überall heißt es jetzt, dass deutsche Kinder mehr lernen müssten.

...

Zwei Meinungen

Die Kinder überlegen, wie Vater und Sandro ihre Meinung sachlich begründen können und schreiben die Gründe auf.

Für eine Aktion werben

Hilfsaktion für Kinder in Not

1. Überlegt genau, wie ihr euch beteiligen könnt, z. B. Basteln für einen Basar, Spendenaktion ins Leben rufen, Kuchenverkauf am Schulfest, ... Notiert eure Ideen.

2. Überlegt, wessen Hilfe ihr dafür braucht. Wer kann euch unterstützen?
   Beispiele: Elternbeirat, Rektor, Lehrer, Hausmeister, Stadt oder Gemeinde, Leute, die das Projekt finanzieren...

In Kleingruppen sammeln die Kinder ihre Ideen und entwerfen Briefe an die verschiedenen Ansprechpartner. Nach dem Vorstellen der Briefe und Hervorheben von gelungenen Argumentationsweisen erstellt die Klasse einen gemeinsamen Brief.

Streit klären

Bei Vorfällen in der Klasse, wie z. B. einem Pausenstreit, notieren die betroffenen Kinder gleich anschließend schriftlich ihre Beweggründe und klären am nächsten Tag mit der Lehrerin die Situation.

Pro und Contra

Als Meinungsforscher sammeln zwei Kinder in der Klasse Vor- und Nachteile zu einem Thema und notieren sie in Stichpunkten in zwei Spalten an der Tafel. Im Anschluss schreibt jedes Kind seine persönliche Meinung auf und sucht sich passende Argumente aus.

Variante: Je zwei Kinder schreiben Pro- und Contra Argumente zu einem Thema auf und ihre abschließende Meinung.

Mögliche Themen:

- Können Computer Lehrer ersetzen?
- Eine Schnellimbisskette übernimmt den Pausenverkauf. Was hältst du davon?
- Handyverbot für Kinder – was hältst du davon?
- Man braucht ab sofort einen Inlineskater-Führerschein.

Lernzielkontrolle: Kopiervorlage 48

Name: ______________________	Datum: __________	KV 48

Meinungen begründen

① Schreibe Gründe für und gegen das Tragen einer Schuluniform auf.

Dafür:

____
____
____
____
____
____
____
____
____

Dagegen:

____
____
____
____
____
____
____
____
____

② Schreibe nun deine persönliche Meinung auf und begründe sie.

____
____
____
____
____
____
____
____
____
____
____

Du hast von ___ Punkten ___ erreicht. Note: ___

3. Kreatives und freies Schreiben

Bei kreativem und freiem Schreiben werden die gelernten Regeln des gebundenen Schreibens in neuen Bereichen und offenen Arbeitsformen angewendet, indem die Kinder selbsttätig und eigenverantwortlich arbeiten. Wichtig dabei sind die Freude am Schreiben, die Ermutigung und Anerkennung der Kinder, sowie der Adressatenbezug (vgl. Kap. 4). Die Kinder können alleine, mit einem Partner oder in Gruppen schreiben, im Rahmen des Wochenplans, der Freiarbeit oder in festen Stunden.
Beim freien Schreiben werden dem Kind keine Vorgaben gemacht. Es schreibt vielmehr nach eigenen Intentionen oder wählt aus Schreibanregungen aus (Reizwörter, Bilder, Fantasiereisen, Akrostichon, Elfchen...).

Tipps für die Praxis

- Selbst gestaltete Karteikarten mit gesammelten Bildern und Schreibanlässen sowie ein breit gefächertes Materialangebot dienen zum Motivieren, Differenzieren und zum Finden von Ideen.
- Wichtig für die Kinder ist das Würdigen der entstandenen Texte beim Vorlesen, Ausstellen und Sammeln in Leseordnern oder thematisch zusammengestellten Klassenbüchern (z. B. Schullandheimaufenthalt, Wald, Tiere...). Texte für die Öffentlichkeit müssen rechtschriftlich korrekt sein.
- Meditative Musik, unterschiedliche Sozialformen und wechselnde Schreibwerkzeuge (z. B. Computer, verschiedene Stifte und Papierarten...) sowie eine anregende Klassenzimmergestaltung fördern eine angenehme Schreibatmosphäre.

3.1 Schreibspiele

Konkrete Poesie

Die Kinder erfinden Bildgedichte zu vorgegebenen Themen.

Umrisswörter
Die Kinder zeichnen ihren Begriff als Umriss und füllen diesen mit dem gewählten Wort aus. Sie können auch das Wort mehrmals schreiben und dann erst den Umriss aufzeichnen und ausschneiden.

Beispiel: Thema Weihnachten

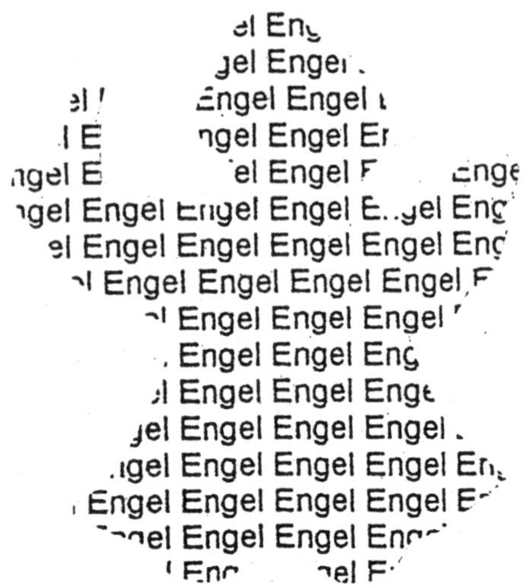

Versteckte Wörter
Die Kinder füllen ein Umrissbild mit einem Wort und „verstecken“ zwischen den Wörtern ein inhaltlich passendes anderes Wort.
Beispiele: Wurm im Apfel, Höhle im Berg, Tiere oder Dinge unter dem Schnee

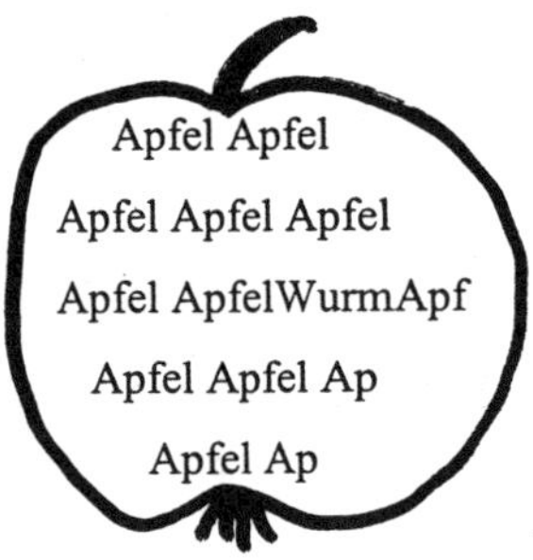

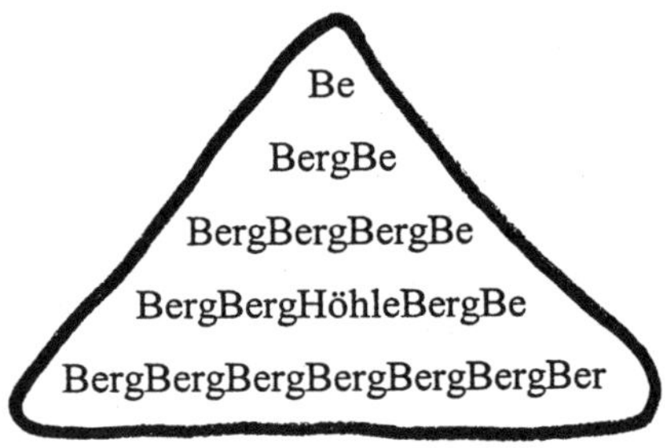

Akrostichon

Die Buchstaben eines Wortes werden senkrecht untereinander geschrieben und bilden jeweils den Anfang eines neuen Wortes oder Satzes mit Bezug auf das Ausgangswort.

Namenakrostichon
Das Kind schreibt die Großbuchstaben des eigenen Namens untereinander und bildet damit Wörter, z. B. „Das mag ich“:

Lachen
Unfug
Klettern
Autos
Singen

Das Kind bildet mit diesen Anfangsbuchstaben Sätze, z. B.:

Lego spiele ich gerne.
Ungeheuer jagen macht Spaß.
Keine Matheaufgabe ist mir zu schwer.
Angst habe ich nie.
Spagetti liebe ich sehr.

Es bildet einen fortlaufenden Satz:

Lukas
Unser
Kleines
Ass in
Sport

...oder formuliert Sätze „um die Buchstaben herum“, z. B.:

Lukas
fährt gerne **U**-Bahn,
geht oft ins **K**ino
und am **A**bend früh ins Bett.
Denn **S**chlafen ist schön.

Themenakrostichon
Mit dieser Technik lässt sich jedes beliebige Wort aufschlüsseln, z. B. als Einstieg in ein Thema (Brainstorming) oder als Ausklang. Das Ausgestalten mit Bildern unterstützt die Darstellung des Wortes.
Z. B. Sachunterricht „Wald“:

Waldlichtung
Ameisen
Lamellenpilze
Dachs

Akrostichongeschichten
Das mit Namenwörtern gefüllte Ausgangswort dient als Geschichtengerüst.
z. B.:

Ungarn	Tom fährt dieses Jahr in den Urlaub nach **U**ngarn.
Reise	Er freut sich schon die ganze **R**eise über auf
Land	das fremde **L**and mit dem riesengroßen Badesee.
Angeln	Er träumt davon, beim **A**ngeln endlich einmal
Ungeheuer	ein riesiges **U**ngeheuer
Boot	in sein **B**oot zu ziehen.

Leichtere Aufgabe: Die Kinder bilden zu jedem Wort einen Satz, ohne dass die Sätze eine zusammenhängende Geschichte ergeben.
Schwierigere Aufgabe: Die Sätze sollen eine zusammenhängende Geschichte ergeben. Dabei können die gefundenen Wörter der Reihenfolge nach oder frei im Text verwendet werden.
Das Geschichtengerüst kann auch mit anderen Wortarten (z. B. Eigenschaftswörter) gefüllt werden. Auch können die Kinder ihre „Gerüste“ untereinander tauschen.

Themen-ABC

Die Kinder schreiben die Buchstaben des Alphabets untereinander und suchen mit einem Wörterbuch zu jedem Buchstaben ein zu einem vorgegebenen Thema passendes Wort. Zusätzlich lässt sich das ABC bildnerisch ausgestalten.
Beispiele:
Urlaubs-ABC, Tier-ABC, Jahreszeiten-ABC, Namen-ABC, Schul-ABC, Natur-ABC, Zauber-ABC, Mädchen-ABC/Jungen-ABC, Millionärs-ABC,...

Urlaubs-ABC
Ausschlafen
Baden
Camping
Delfine
Eis
...

Was ich mir wünsche
Angeln gehen
Basketball-Profi werden
Chinesisch essen gehen
Disneyland besuchen
Eine Woche faulenzen
...

Rätsel

Suchworträtsel

★	A	B	C	D	E	F	G	H	I	K
1	A	H	A	M	S	T	E	R	I	S
2	F	E	A	F	F	E	H	H	U	L
3	H	U	H	N	U	S	E	S	E	L
4										
5										
6										
7										
8										
9										
10										

★	A	B	C	D	E	F	G	H	I	K
1										
2										
3										
4										
5										
6										
7										
8										
9										
10										

Die Kinder verstecken die Wörter zu einem Thema (z. B. Tiere) senkrecht und waagrecht in einem leeren Rätselgitter und füllen es mit weiteren Buchstaben auf. Als Lösungshilfe geben sie die Anzahl der zu suchenden Wörter und das Rahmenthema an, sowie auf einem eigenen Lösungsblatt die Lösung.

Kuckuckseier
Die Kinder füllen ein „leeres Kuckucksei“ mit Wörtern zu einem Oberbegriff. Ein Wort passt nicht dazu. Der Leser soll dieses Kuckucksei finden und begründen, weshalb es nicht dazu gehört.

Thema: Büchertasche

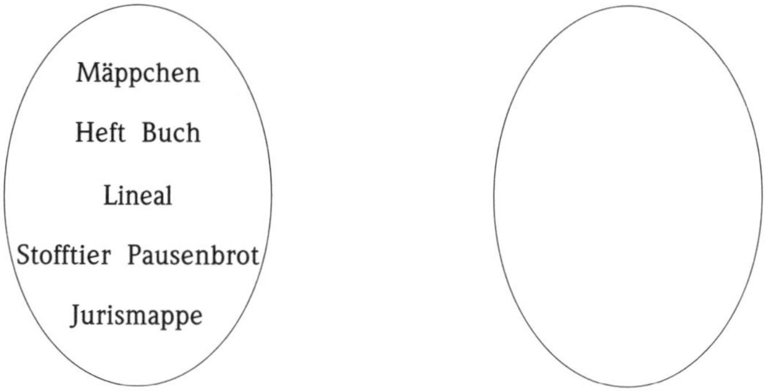

Kuckucksei: Stofftier
Alle anderen Gegenstände gehören in die Büchertasche.

Alliteration

Die Kinder erfinden Sätze, deren Wörter alle mit demselben Anfangsbuchstaben beginnen, z. B.:
Maya mag manchmal Müsli mit Milch, meistens Mohnbrötchen mit Marmelade.
Simon sagt: Schnell, sonst schmilzt Sonias Schokoladeneis.

Selbstlautsätze

Die Kinder erfinden Sätze, deren Wörter alle mit Selbstlauten beginnen, z. B.:
Igor entdeckt einen Igel am Apfelbaum und ohne Angst eilt er ihm entgegen.
Ulla angelt einen alten Autoreifen, igitt!

Gleiche Satzanfänge
Die Kinder ergänzen gleiche Satzanfänge auf verschiedene Weise, z. B.:
An Weihnachten bekomme ich viele Geschenke.
An Weihnachten kommt die ganze Familie zusammen.
An Weihnachten gibt es Plätzchen und Gänsebraten.

Vertiefung:
Der letzte Satzteil wird verändert:
Am liebsten würde ich immer Ferien haben.
Am liebsten würde ich gerne lange aufbleiben.
Am liebsten würde ich nie mehr aufräumen müssen.
Auf keinen Fall würde ich alleine sein wollen.

Differenzierungsmöglichkeiten:
- Vorgegebener oder selbst gewählter Satzanfang
- Unterschiedliche Anzahl der Wiederholungen

Leseberge
Die Kinder erweitern Satzanfänge wortweise, sodass jede neue Zeile einen Sinn ergibt. Am Computer entsteht durch Zentrieren der Schrift ein Leseberg.
Beispiele:

Der Clown
Der Clown lacht
Der Clown lacht immer
Der Clown lacht immer fröhlich
Der Clown lacht immer fröhlich die Kinder im Circus an.

Der Fernseher
Der Fernseher läuft
Der Fernseher läuft immer
Der Fernseher läuft immer am Abend
Der Fernseher läuft immer am Abend, bis Vater schimpft.

Schnipselgeschichten

Die Kinder schneiden aus Zeitschriften und Zeitungen Wörter aus, die sie zu einem sinnvollen Text zusammensetzen.
Nach den ersten Schnipselwörtern überlegen sich die Kinder in Gruppenarbeit ihre Geschichte und suchen im Anschluss gezielt die noch fehlenden Wörter. Dabei fügen sie fehlende Buchstaben hinzu und verändern die Rechtschreibung dementsprechend.

Die großen Unbekannten *genießen*
auf dem Aktivspielplatz ***den Sommer.***
Jeder darf WASSER ...

Geschichten-Puzzle

Die Kinder schreiben in Gruppen Geschichten. Dabei beginnt jedes Kind auf seinem Blatt mit dem ersten Satz einer Geschichte. Anschließend wird das Blatt im Uhrzeigersinn weitergegeben. Jedes Kind liest den Satz des Vorgängers, schreibt einen neuen Satz darunter und klappt den Satz des Vorgängers nach hinten um. So liest das nächste Kind immer nur den zuletzt geschriebenen Satz. Am Schluss wird die fertige Geschichte aufgefaltet und vorgelesen.
Weitere Möglichkeiten:

- Die Sätze werden nicht umgeknickt und sind so für jeden Schreiber lesbar und regen zum Weiterschreiben an.
- Jede Gruppe beginnt mit demselben Geschichtenanfang.
- Jede Gruppe schreibt zu einem Rahmenthema.

Kleine Lyrikformen

Elferl/Elfchen – Lyrik aus elf Worten
Elfchen sind kurze Texte aus fünf Zeilen und insgesamt elf Wörtern mit dem gleichen Aufbau. Die erste Zeile nennt das Schlüsselwort, auf das sich die weiteren Zeilen beziehen.

Aufbau:

Winter (1)
alle frieren (2)
Eiszapfen am Haus (3)
der Schnee kommt bald (4)
hoffentlich (1)

____
__________ __________
__________ __________ __________
__________ __________ __________ __________
____

Ein Elfchen kann auch nach formalen Vorgaben entstehen, z. B.:

1. Nenne zuerst eine Farbe.

   Blau

2. Suche nun ein Namenwort (Nomen) mit Begleiter (Artikel) dazu, das zu der Farbe passt:

   das Meer

3. Was tut dein Namenwort (Nomen)? Schreibe dazu einen Satz mit drei Wörtern.

   es schlägt Wellen

4. Was kannst du damit machen? Schreibe dazu einen Satz mit vier Wörtern.

Ich tauche ins Nass

5. Schreibe zum Schluss ein passendes Wort dazu auf.

Tiefenrausch

Haiku – Lyrik aus 17 Silben

Ein Haiku ist ein japanischer kurzer Text aus siebzehn Silben, die sich auf drei Zeilen verteilen. Dabei enthält die erste Zeile fünf Silben, die zweite Zeile sieben und die dritte Zeile noch einmal fünf Silben. In Japan beschreibt der Haiku fast immer ein Naturereignis oder eine Naturbeobachtung, z. B.:

Starker Regen fällt.
Die Sonne kommt endlich, ein
Regenbogen strahlt.

Frage- und Antwortspiele

Wissensquiz

Die Kinder notieren auf Kärtchen Fragen und Antworten zum aktuellen Sachthema oder Bereichen, die sie interessieren. Auf der Vorderseite stehen die Fragen, auf der Rückseite die Antworten.
Statt einfacher Kärtchen lassen sich auch Klappkarten verwenden, die in der Mitte gefaltet sind und vor den Kindern auf dem Tisch stehen. Auf der vorderen Hälfte ist die Frage zu lesen, auf der hinteren Hälfte die Antwort.
Zur Kontrolle drückt das Kind nach dem Beantworten der Frage auf das Kärtchen und sieht so die Lösung.

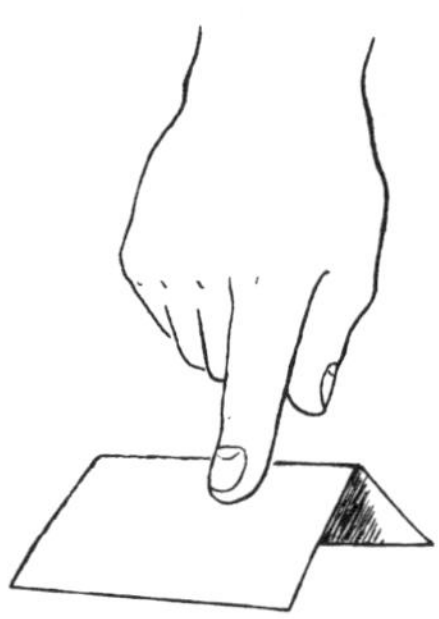

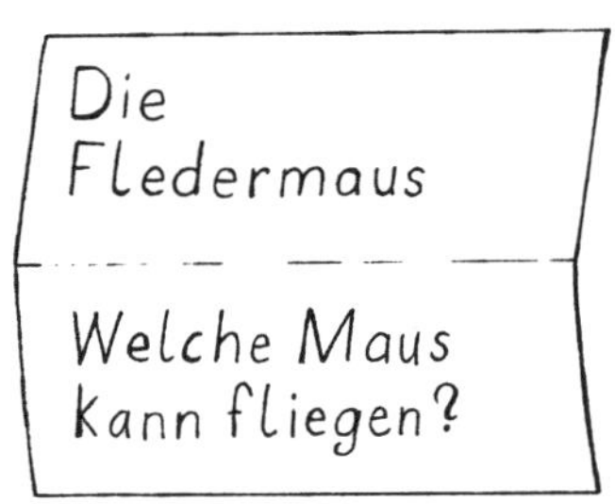

Alternative:
Wissensquiz mit fünf vorgegebenen Antworten (Antwort A, Antwort B...) zur Auswahl. Auf der Rückseite ist der Buchstabe der richtigen Lösung.
Oder Kontrolle mit einer Klammerkarte: Das Kind heftet an die richtige Lösung eine Wäsche- oder Büroklammer. Auf der Rückseite der Karte ist auf Höhe der richtigen Lösung eine Farbmarkierung.

Lachquiz
Die Kinder erfinden Fragen mit passenden Antworten und schreiben diese jeweils auf zwei getrennte Karten. Alle fertigen Fragekarten werden auf einen Stapel gelegt, alle Antwortkarten auf einen anderen. Der erste Spieler zieht eine Fragekarte und liest sie laut vor, der zweite Spieler zieht eine Antwortkarte und liest ebenfalls vor. Dabei entstehen lustige Frage-Antwort-Paare. Wenn alle Karten gezogen wurden, werden alle Fragen und Antworten richtig zugeordnet. Zur Kontrolle versieht jedes Kind sein Frage-Antwort-Paar vor dem Spiel auf der Rückseite mit einem gleichen Symbol.

Reimquiz
Die Kinder erfinden zweizeilige Reime und notieren den Paarreim auf einer Spielkarte. Das letzte Wort des Zweizeilers steht nicht auf der Vorderseite der Spielkarte, sondern als Lösungswort auf der Rückseite.
Beispiele:

- Man muss beim Gänseblümchen pflücken,
  sich ziemlich weit zur Erde ________. (Rückseite: bücken)
- Warst du im Rechnen immer fleißig,
  dann weißt du, 3 mal 10 ist ________. (Rückseite: dreißig)
- Der Elefant lebt hier und da,
  in Indien und in ________. (Rückseite: Afrika)
- Selbstverständlich weißt du dies,
  die Hauptstadt Frankreichs heißt ________. (Rückseite: Paris)
- Ein Schaltjahr hat ohne Frage,
  366 ________. (Rückseite: Tage)

Die Kinder mischen die Karten und legen diese mit der Lösung nach unten auf den Tisch. Reihum lesen die Mitspieler die Reime vor. Wer am schnellsten die richtige Ergänzung des Zweizeilers ruft, erhält die Karte. Wer am Ende die meisten Karten hat, ist Sieger.

ABC-Quiz
Die Kinder denken sich beliebige Fragen aus und schreiben sie ohne Antworten auf Spielkarten. Die Fragekarten liegen auf einem Stapel. In einer Schachtel liegen verdeckt alle Buchstaben des Alphabets. Ein Ansager zieht eine Fragekarte und liest sie laut vor. Danach zieht er eine Buchstabenkarte und nennt laut den Buchstaben. Die Antwort auf die Frage muss mit dem genannten Buchstaben beginnen. Wer zuerst passend antworten kann, erhält die Fragekarte. Wer am Schluss die meisten Karten hat, gewinnt das Spiel. Findet kein Spieler eine Antwort zu einer Frage, wird ein neuer Buchstabe gezogen.

Mögliche Fragen:

Nenne ein Wort aus der Landwirtschaft.	(z. B. Buchstabe T: Traktor)
Nenne eine Erfindung.	(z. B. Buchstabe G: Glühbirne)
Kennst du ein Lebewesen am Weiher?	(z. B. Buchstabe F: Frosch)
Nenne ein Musikinstrument.	(z. B. Buchstabe K: Klavier)
Was möchtest du werden?	(z. B. Buchstabe A: Astronaut)

3.2 Kreative Schreibsituationen

Fotomontage und Collage

Die Kinder fertigen in Kunsterziehung zu einem vorgegebenen Rahmenthema eine Fotomontage oder Collage. Dazu sammeln sie Bilder, Fotos und Zeitschriftenausschnitte und setzen diese zu einem neuen Bild zusammen. Im Deutschunterricht erfinden sie eine Bildüberschrift und eine passende Geschichte.
Mögliche Rahmenthemen:

- Zukunftsvisionen
- Bilder in der Werbung
- Wasser, Erde, Luft
- Alltagsgegenstände in der Natur

Schreiben zu Bildern

Folienbilder
Die Lehrerin kopiert motivierende Bilder aus Zeitschriften, Kalendern etc. auf Folien. Die Klasse betrachtet ein Bild still. Bei einem mündlichen Brainstorming im Anschluss daran entstehen erste Schreibideen. Dann schreibt jedes Kind seine Gedanken oder eine Geschichte dazu auf.

Kunstwerke und gemalte Bilder
Die Kinder denken sich zu Kunstwerken oder von Kindern gemalten Bildern Titel, treffende Sätze und Sprechblasen aus oder schreiben eine ganze Geschichte dazu.

Bildergeschichten
Die Kinder wandeln eine Bildergeschichte in einen Comic um, indem sie Dialoge für Sprechblasen entwerfen.
Beispiele: Kopiervorlage 26, S. 66 und 27, S. 68 (s. Kap. 1.6)

Bilderbücher

Einfachere Aufgabe:

Die Kinder beschreiben jedes Bild in wenigen Sätzen oder erhalten zum Ausformulieren ein Bilderbuch, das mit einfachen Sätzen bereits eine Geschichtenstruktur vorgibt.

Schwierigere Aufgabe:

Zu einem Bilderbuch ohne Text verfassen die Kinder eine Geschichte, sodass sie auch ohne Bilder für den Leser verständlich ist.

Beispiele:

- Leo Lionni, Frederick. Leo Lionni und Gertraud Middelhauve Verlag GmbH und Co. KG. Köln 1987
- Eric Carle, Die Raupe Nimmersatt. Gerstenberg Verlag. Hildesheim 1999
- Eric Carle, Der kleine Käfer Immerfrech. Verlag Gerhard Stalling AG. Oldenburg und Hamburg 1978
- André Dahan, Katze und Fisch. C. Bertelsmann Verlag GmbH. München 1990
- André Dahan, Helico und das Blatt. C. Bertelsmann Verlag GmbH. München 1990

Erzähl-Mal-Bilder

- Bei einem Weitermalbild regen die einleitenden Sätze zum Malen und Schreiben an, sodass durch die Fantasie der Kinder eine Geschichte entsteht (siehe z. B. Wolfgang Hund, Erzähl-Mal-Schreib-Fantasie-Bilder. Hersbruck 1992).
- Ein sog. „Wimmelbild" bietet einen reichen Fundus für Geschichten. Ein Schreibauftrag regt zum Schreiben eines zusammenhängenden Textes an: Erzähle deine Erlebnisse in der Schule der Träume.
- Ein Erzählbild ist der Schreibanlass: Welche Geschichte erzählt dir das Bild?

Die Schule der Träume

Was gefällt dir an der Schule der Träume besonders gut? Erzähle, warum du gerne dabei wärst.

Wochenplan und Freiarbeit
Die Kinder schreiben zu Bildern, z. B. zu
- Erzählbildern aus Lese- und Sprachbüchern,
- Kunstdrucken (z. B. Klee, Magritte, Miró, Haring),
- Bildern aus Zeitschriften und Werbung,
- Fotos und eigenen Bildern.

Schreiben zu Musik

Freies Schreiben zu Musik

Die Kinder hören sich ein ausgewähltes Musikbeispiel an, lassen ihre Gedanken schweifen und schreiben sie als Geschichte oder Gedicht auf. Während des Schreibens läuft im Hintergrund leise die Musik weiter.
Geeignete Musik:
- Gregorianische Gesänge erzählen aus der Epoche des Mittelalters.
- Aborigines Musik, z. B. Yothu Yindi, lässt uns den Urwald erleben und berichtet vom Leben der Aborigines.
- Mit der Musik von Sarah Brightman kann man zauberhafte Welten assoziieren.
- Mit Meditationsmusik lassen sich Naturerlebnisse verbinden.
- „Urlaubsschlager" erinnern an den eigenen Urlaub.

Gezieltes Schreiben zu Musik
Beispiel: „Die Moldau" von F. Smetana
Nach dem gemeinsamen Anhören der Musik sprechen die Kinder über die einzelnen Stationen der Moldau und hören das Stück noch einmal an. Im Anschluss daran schreiben sie eine Geschichte zur Musik, entweder nur zu einem Ausschnitt oder über den gesamten Flussverlauf. Der Text kann auch ein Erlebnis oder Ereignis aus der Sicht des Flusses schildern, z. B. wie sich die Jagdgesellschaft am Flussufer einfindet.
Kurze Inhaltsangabe zur sinfonischen Dichtung „Die Moldau":
Im ersten Abschnitt rieseln die Quellen, das Rauschen schwillt an: Die Moldau ist „geboren". Ständig nimmt die Melodie an Klangfülle zu: Die Moldau wird zum Strom. Eine fröhliche Jagdgesellschaft reitet vorüber. Nun erklingt Tanzmusik: Eine Bauernhochzeit wird gefeiert. In der Nacht erklingen zarte Weisen. Nymphen tanzen über dem Wasser. Mit Donnergetöse stürzen die Fluten über die Stromschnellen. Zum Schluss fließt der Strom ins Meer.

Weitere Musikbeispiele:
- „Das Aquarium" von C. Saint-Saëns
- „Vier Jahreszeiten" von A. Vivaldi

- „Bolero“ von M. Ravel
- „Musikalische Schlittenfahrt“ von L. Mozart

Schreiben zu Sinneseindrücken

Schreiben zu Gerüchen
In blickdichten Behältern, z. B. leeren Filmdöschen, werden den Kindern verschiedene Geruchsquellen angeboten. Das Kind öffnet einen beliebigen Behälter, schließt die Augen, lässt den Duft auf sich wirken und lässt seine Gedanken schweifen.
Zum Schreiben im Klassenverband eignet sich eine Duftlampe.
Mögliche Geruchsquellen: Rindenmulch, Zimt, Vanillestange, Paprikapulver, Moos, Erde, getrocknete Blumenblätter wie z. B. Rosen, Watte mit Duftöl getränkt, Kaffeebohnen...

Schreiben zu Geräuschen
Möglichkeiten der Geräuschdarbietung:
- Die Lehrerin erzählt den Anfang einer Geschichte und führt diese in Form von Geräuschen weiter. Dabei schließen die Kinder die Augen und lassen ihre eigene Geschichte vor dem inneren Auge entstehen, die sie aufschreiben.
  Z. B.: „Aysha zieht sich eine Jacke und Gummistiefel an, öffnet die Haustüre und geht los...“. Danach setzt die Lehrerin die Geschichte nur mit passenden Geräuschen fort, z. B.: Alufolie zerknittern → Regen prasselt, Regenschirm öffnen, blasen → Wind, mit der Handfläche in eine Wasserschüssel patschen → in Pfützen laufen, die Hand darin bewegen → Wellengeräusche, mit den Füßen stampfen → Schritte, ...
- Die Lehrerin spielt eine Geräuschkassette ab, von der z. B. das Knarren einer Tür, Weckerklingeln, ein Staubsauger, ein Zug, das Hupen eines Autos, eine Turmuhr oder Tierstimmen zu hören sind. Nach gezielten Hör- und Schreibaufträgen hören sich die Kinder die Kassette noch einmal an. Anschließend schreiben sie eine Geschichte zu den Geräuschen auf.

Mögliche Aufträge:
- Welche Geräusche hast du gehört?
- Wähle drei Geräusche für deine Geschichte aus.
- Schreibe deine Geschichte auf.

- Die Kinder haben Hördöschen (z. B. unterschiedlich gefüllte Filmdöschen), mit denen sich verschiedene Geräusche erzeugen lassen. Als Füllmaterial eigenen sich z. B. Mais-, Reiskörner, Zucker, Würfelzucker, kleine Steine, Sand, Backerbsen, Kandiszucker, Gries, Kerne, Nudeln, Tütenverschlüsse,

Knöpfe, Murmeln... Sie wählen sich für ihre Geschichte geeignete Döschen aus und bauen die Geräusche ein.
Den Vortrag ihrer Geschichte begleiten die Kinder mit passenden Geräuschen.

Mögliche Schreibanregungen:
- Ein Unwetter zieht auf
- Die Bergtour
- Kirchweih
- Auf dem Spielplatz

Mögliche Hilfen:
- Zu welchen Gegenständen passen die Geräusche?
- Zu welchen Tieren passen die Geräusche?
- Welche Geräusche erinnern dich an Geräusche in der Natur?

Geschichten zum Fühlen

- Fühlkasten

In einem geschlossenen Kasten mit einer handgroßen Öffnung sind verschiedene Gegenstände. Die Kinder ertasten diese und schreiben ihre Gedanken dazu auf, z. B. als Rätsel, Geschichte oder Gedicht.
Mögliche Gegenstände:
Pelz- oder Fellstücke, Nüsse, Steine, Stoffreste, Äste, Heu, Murmeln, Bauklötze ...

- Barfußweg

Die Kinder legen im Pausenhof verschiedene Untergründe nacheinander auf den Boden. Mögliches Untergrundmaterial: Teppichfliesen, Kieselsteine, Sand, Kork, kleine, dünne Äste, Bretter, Moos, Fliesen, Rundhölzer, Pflanzen, Kunstrasen, Samt, Tannenzapfen....
Anschließend gehen die Kinder vorsichtig barfuß und mit verbundenen Augen darüber und schreiben ihre Eindrücke und Gedanken auf.
Beispiele:
- Landschaften, die die Kinder in ihrer Fantasie durchwandert haben
- Fußgeschichten aus der Sicht des Fußes
- Gefühlsgeschichten (Gerade bin ich über etwas Kaltes gelaufen. Es fühlte sich an wie...)

- Rückengeschichten

Die Kinder erzählen ihrem Partner eine „Rückengeschichte“. Dabei dient der Rücken des Partners als Bühne. Darsteller sind die Arme, Hände, Finger und Fingernägel, die beim Streicheln, Drücken, Reiben, Zwicken, Rollen, Ziehen, Kneten ... eine Geschichte erzählen. Beim Partner entsteht während der Vorstellung eine Geschichte im Kopf, die er dann aufschreibt.

Schmeckende Werbung
Mit verbundenen Augen probieren die Kinder ein Lebensmittel. Dann sollen sie sich für dieses Produkt eine Werbeidee einfallen lassen. Danach erfahren sie, welches Lebensmittel sie gekostet haben und können nun ihren Werbespruch damit vergleichen.

Schreiben zu Rahmenthemen

Die Lehrerin erarbeitet mit den Kindern Schreibhilfen, z. B. zum Thema Hexe: In einem Brainstorming sammeln die Kinder erste Ideen zum Rahmenthema. Die Lehrerin kann folgende Impulse geben: Was hat die Hexe an? Wo wohnt sie? Welche Freunde hat sie? Wie bewegt sie sich fort? Wie sieht ihr Umfeld aus?
Bekannte Literatur hilft den Kindern, sich in das Thema zu vertiefen, wie z. B. „Die kleine Hexe" (Otfried Preußler, Die kleine Hexe. K. Thienemann Verlag. Stuttgart 1957).

Ebenso können Lieder (z. B. „Die kleine Moorhexe" von M. und W. Jehn), Gedichte (z. B. „Das Hexeneinmaleins" von Johann Wolfgang von Goethe) und Bilder Ideen liefern.
Mögliche konkrete Schreibanlässe:
Hexenspeiseplan, Die Einrichtung im Hexenhaus, Hexenfest, Die Hexenschule

Hexeneinmaleins

Du musst verstehn!
Aus Eins mach Zehn,
Und Zwei lass gehn,
Und Drei mach gleich,
So bist du reich.
Verlier die Vier!
Aus Fünf und Sechs,
So sagt die Hex,
Mach Sieben und Acht,
So ist's vollbracht:
Und Neun ist Eins,
Und Zehn ist kein's
Das ist das Hexeneinmaleins.

Johann Wolfgang von Goethe

Die alte Moorhexe

Text: Margarete Jehn
Musik: Wolfgang Jehn

2. Gegen Mitternacht jedoch, fährt sie in ihr Hexenloch,
füttert ihre sieben Schlangen, bringt den schnellen, starken langen
Hexenbesen in den Stall, scharrt und raschelt überall;
hält die ganze Welt für dumm, hext herum, hext herum.

3. Bei dem Spuk in Moor und Sumpf, ging verlorn ihr Ringelstrumpf:
jener rote linksgestrickte Strumpf, den ihre Schwester schickte,
hängt in einer Birke drin, flattert einsam vor sich hin;
hält die ganze Welt für dumm, hext herum, hext herum.

Weitere Rahmenthemen
Feste im Jahreslauf, Brauchtum, Themen aus dem Sachunterricht, Ferienerlebnisse, Fantasialand, Wunschland, Weltallgeschichten, Unterwassergeschichten

Fantasiereisen

Bei Fantasiereisen aktiviert das Kind die eigenen Kräfte und ist schöpferisch tätig. Die dabei im Kopf entstehenden Bilder liefern zugleich Schreibideen. Wichtig für das Gelingen ist eine positive Atmosphäre, in der sich jedes Kind angenommen fühlt und weiß, dass seine Gefühle und Ideen akzeptiert werden.

Tipps zur Durchführung:

- Hilfreich sind vorherige Stilleübungen mit geschlossenen Augen, die die Kinder schrittweise an Fantasiereisen heranführen.
- Wichtig ist eine entspannte Haltung (liegend, sitzend oder mit dem Kopf auf dem Tisch), in der das Kind länger verharren kann. Die Lehrerin spricht einleitende Worte und stimmt die Kinder mit leiser Hintergrundmusik ein.
- Regeln unterstützen den Ablauf, z. B.: Wer nicht mitmachen will, beschäftigt sich leise, bei längerem Lachen, Niesen oder Husten verlässt das Kind den Raum, um die anderen nicht zu stören.
- Die Lehrerin spricht langsam und macht Pausen, damit sich die Fantasie entfalten kann.
- Behutsam holt die Lehrerin die Kinder wieder in die Realität zurück, indem sie die Geschichte abrundet und langsam den Entspannungszustand aufhebt.

Schreiben zu Fantasiereisen

- Die Kinder schreiben nach der Fantasiereise ihre Geschichte auf (Ich-Form, Gegenwart).
- Die Kinder schreiben die Fortsetzung der Fantasiereise auf.
- Sie schreiben die Fantasiereise als Gedicht auf.

Mögliche Einleitung einer Fantasiereise

Suche dir einen Platz im Raum, an dem du dich wohlfühlst und mache es dir bequem... Nimm eine Haltung ein, in der es dir bequem ist und in der du länger bleiben kannst...
Schließe deine Augen...
Ich spiele dir nun leise Musik vor...
Entspanne dich, lausche der Musik und lasse deinen Gedanken freien Lauf...

Mögliche Zurückführung in die Realität

Nun verlässt du diesen Ort... und kommst langsam wieder in diesen Raum zurück...
Du bewegst deine Finger..., spürst deinen Atem...
Du reckst dich, du streckst dich und wirst langsam wieder wach...
Du öffnest deine Augen... und gähnst herzhaft.
Die Kinder können auch durch Antippen geweckt werden und dann ihre Augen öffnen.

Beispiele für Fantasiereisen

- Ich lade dich jetzt zu einer Ballonfahrt ein... Du steigst in den Ballon und los geht's... Du schwebst über eine große Wiese und siehst sogar einen

Hasen über das Feld hoppeln... Da ist ein kleiner Bach, du hörst sein Wasser plätschern... Du kommst zum Waldrand und entdeckst ein Reh auf einer Waldlichtung... Der Fahrtwind weht dir übers Haar, du fühlst dich frei... Auf einem Waldweg siehst du einen Reiter auf seinem Pferd, der gespannt in den Wald späht...

- Stell dir vor, du bist ein Delfin... Du lebst mit deiner Familie weit draußen im Meer... Du gleitest elegant durch das Wasser... Über dir lacht die Sonne, in der Ferne siehst du ein großes Schiff vorbeiziehen... Unter dir bewegen sich mit der Meeresströmung die Wasserpflanzen... Viele bunte Fischschwärme ziehen vorüber... Plötzlich funkelt etwas in der Ferne...
- Du sitzt auf einem Baumstamm am Wegesrand... Du spürst, wie die Sonne dich wärmt... Du hast die Augen geschlossen und hängst deinen Gedanken nach... Da hörst du ein Knacken von Zweigen... Du öffnest die Augen und siehst vor dir eine wunderschöne kleine Elfe... Erstaunt beobachtest du ihre leichten, schwebenden Bewegungen und ihr wunderschönes Gesicht... Da spricht dich die Elfe auf einmal an: Komm mit mir in mein Elfenland! Du bist neugierig und folgst ihr...
- Stell dir vor, du lebst 200 Jahre später in ... (Ortsname)... Wie siehst du aus?... Welche Kleidung trägst du?... Welche Frisur hast du?... Welchen Beruf hast du?... Wo arbeitest du und was musst du tun?... Mit welchem Fahrzeug kommst du nach der Arbeit nach Hause?... Stell dir dein Haus vor... Gehe durch alle Räume... Wie sieht es drinnen aus?... Wer wartet auf dich? Mit wem sprichst du?... Was isst du?... Was machst du in deiner Freizeit?... Spät am Abend ziehst du dich in dein Zimmer zurück und legst dich schlafen... Verabschiede dich von der fernen Zukunft... und gehe wieder in die Jetzt-Zeit zurück...

3.3 Schreiben zu Texten

Witze

Nach dem Vorlesen und Erzählen einiger Witze erfinden die Kinder eigene Witze.

- An „Witzwänden" (Pinnwände im Klassenzimmer) oder in „Witzmappen" hängen und liegen die gesammelten und selber erfundenen Witze zum Lesen bereit.
- Die Witze eignen sich auch zum grafischen Ausgestalten und Weiterführen als Comics (Bildfolgen).
- Die Kinder verschicken ihre selbst geschriebenen Witze als E-Mails an Partnerklassen oder Freunde.

Hoffentlich ist ein Zimmer frei
HOTEL
Ist ein Zimmer frei?
Aber darin spuktes
Ich nehme es tintzdem!
In der Nacht, Nacht, Nacht wenn der Schrank umfällt, sind wir alle, alle tod!
Ich bin doch kein Selbstmörder
Wo rennen Sie denn hin?
Hoffentlich ist ein Zimmer frei
HOTEL
Macht nichts ich habe ein Messer
Ja, aber darin spukt es!
In der Nacht, Nacht, Nacht, wenn der Schrank umfällt sind wir alle, alle tot!
Die rennt auch weg
Hoffentlich ist ein Zimmer frei!
HOTEL
Ja aber...
Ist ein Zimmer frei?
Danke!
In der Nacht, Nacht, Nacht, wenn der Schrank umfällt, sind wir alle, alle tot!
Diese Ameisen
Ameisen
Haben Sie Insekten-Spray?
Ja..

Briefe zu verschiedenen Anlässen

Briefe sind kommunikative Schreibanlässe, da der Schreiber eine Reaktion erwartet und in der Regel eine Antwort auf sein Geschriebenes erhält. Die Lehrerin wiederholt die Merkmale eines Briefes, z. B. Adressat, Absender, Datum, Ort, Anrede etc. (vgl. Kap. 2.4)

Geburtstagsbriefe
Jedes Kind ist für einen Klassenkameraden Geburtstagspate und schreibt diesem Kind einen Geburtstagsbrief (Glückwünsche, Sprüche, Gedichte, abgeschrieben oder selbst formuliert). Am Geburtstag überreicht der Pate seinen Brief dem Geburtstagskind.

Briefe an eine fiktive Figur, z. B. an das Schulgespenst
Es taucht ein Brief des Schulgespenstes auf. Daraufhin schreiben die Kinder an das Schulgespenst über ihre Erlebnisse in der Schule oder stellen ihm Fragen. Eine andere Klasse oder die Lehrerin beantwortet den Brief.

So könnte ein erster Gespensterbrief lauten:

> Hallo liebe Kinder,
>
> hier ist Balduin, das Schulgespenst.
> Immer wenn ich nachts durch das Schulhaus schwebe, fällt mir auf, dass jemand hier gewesen sein muss. Leider schlafe ich tagsüber und bekomme deshalb nicht mit, was in dieser Zeit alles passiert.
> Schreibt mir doch mal, was hier tagsüber los ist.
>
> Viele Grüße, euer Balduin

Briefe an reale Adressaten
Die Kinder schreiben Briefe, E-mails, Faxe oder SMS an einen kranken Mitschüler, an ein Kind, das weggezogen ist, an die Kinder einer Patenklasse, an Brieffreunde, an eine Partnerklasse an der eigenen oder einer anderen Schule oder an einer Schule für Kranke. Vielleicht entsteht eine länger anhaltende Brieffreundschaft.

Leserbriefe
Die Kinder schreiben einen Leserbrief zu einem aktuellen Bericht der lokalen Tageszeitung, der die Kinder betrifft, z. B. ausgesetzte Tiere zur Ferienzeit, Verschmutzung des Spielplatzes, Spielverbot, Wünsche zur kindgerechten Stadtentwicklung... (vgl. Kap. 2.4)

Briefkasten
Ein Briefkasten kann unterschiedliche Funktionen übernehmen:

- Kummerkasten
- Lob und Kritik, die Klasse betreffend
- Post der Kinder untereinander

Heute in der Pause
Nach einem Streit in der Pause notieren die betroffenen Kinder ihre unterschiedlichen Sichtweisen (Wer? Wann? Wo? Was? Warum?). Dadurch gewinnen sie Abstand und kommen zur Ruhe. Im Anschluss lesen sie sich im Beisein der Lehrerin die Briefe laut vor. So lernen sie die Sichtweise des anderen Kindes kennen und eine Streitschlichtung gelingt leichter.

Gedichte

Bei der schöpferischen Arbeit mit Gedichten, lernen die Kinder Struktur und Aufbau kennen, werden kreativ und aufgeschlossen für weitere Gedichte.

Zu Bildern dichten

Die Kinder schreiben zu vorgegebenen Bildern Gedichte, die sie entweder frei erfinden oder nach Aufträgen erstellen. Sie können auch passende Gedichte aus Lesebüchern heraussuchen und diese abschreiben oder als Grundlage für ihr eigenes Gedicht verwenden. Geeignet sind Bilder aus dem Alltag der Kinder sowie solche, die die Fantasie anregen.

Das Traumgedicht
Schreibauftrag: Von welchem Gedicht würdest du gerne träumen? Suche ein Gedicht oder denke dir eines aus und schreibe es in die Traumwolke hinein.

Das Schulhofgedicht

Schreibauftrag: Schau dich in der Pause auf dem Schulhof genau um. Überlege dir ein Gedicht dazu.

Schreibhilfe: Suche Wörter und Reimwörter, die zu deinen Beobachtungen passen. Verpacke sie in Sätze.

Das Gute-Laune-Gedicht

Schreibauftrag: Schau dir das Bild genau an. Erfinde ein Gute-Laune-Gedicht dazu. Wenn du Lust hast, kannst du noch ein Frust-Gedicht erfinden.

Schreibhilfe: Wann hast du gute Laune? Schreibe solche Situationen auf.

Beispiel:

Ich habe gute Laune, wenn ich ins Schwimmbad gehen darf.

Ich habe gute Laune, wenn ich mit meinem Freund spiele...

Gedichte als Geschichten

Nach dem Lesen eines Gedichts schreiben die Kinder eine Geschichte dazu und malen ein passendes Bild.

Ausländer

> Mein Papa ist Ausländer.
>
> Und meine Mama ist Ausländerin.
> Klaus und ich, wir sind auch Ausländer,
> eben jetzt, obwohl wir Deutsche sind.
>
> Denn eben jetzt sind wir in Dänemark.
> Ha ha!
>
> Daran hast du nicht gedacht, was?
> Dass Deutsche auch Ausländer sind –
> im Ausland
>
> *Siv Widerberg*

(Aus: *Hans Bödecker,* (Hrsg.), Die Kinderfähre. Üs. v. Hans Baumann u. Ingegerd Martinell. Union Verlag, Stuttgart 1972)

Schreibaufträge:

1. Wann warst du selbst einmal Ausländer? Was hast du erlebt? Überlege dir eine Geschichte zum Gedicht.
2. Welche Schwierigkeiten hattest du als Ausländer? Schreibe deine Gedanken auf.

Das große Schwindellied
(Oder: Beweist mir mal das Gegenteil!)

Am Himbeerlimonadenfluss
da hat mein Onkel Peter
ein Haus aus rosa Zuckerguss,
ja, so was hat nicht jeder!
Die Fenster sind aus Sahneeis,
das Dach ist Schokolade.
Im Garten wächst (was keiner weiß),
ein Busch mit Marmelade.

Ein blauer Schirm steht stets bereit,
das Häuschen zu beschützen,
im Sommer, wenn es Bonbons schneit
und auch vor Sonnenpfützen.
Oft lädt mich Onkel Peter ein,
dann singen wir bei Tische,
und immer stimmen fröhlich ein,
des Onkels goldne Fische.

Die Fische leben quietschvergnügt
im Dachfirst, wie die Tauben,
und wer sie mal zu hören kriegt,
der kanns fast gar nicht glauben!
Das Häuschen ist jedoch nicht groß,
sonst könnte ich dort wohnen.
Es hat zweihundert Zimmer bloß
mit Marzipan-Balkonen.

Hansjörg Martin

(Aus: *Joachim Fuhrmann,* Hrsg., Gedichte für Anfänger. Rowohlt Taschenbuch Verlag. Reinbek 1980)

Schreibaufträge:
1. Schreibe über einen Besuch bei Onkel Peter. Was hast du dort erlebt?
2. Erfinde eine Gegenteilgeschichte.
3. Überlege dir ein ähnliches Gedicht zum Thema „Urwald“.

Bespiel für eine Gegenteilgeschichte:
An einem ganz kleinen Bächlein wohnt meine Ururgroßtante Amalie. Sie lebt dort in einem winzigen Schneckenhaus...

Beispiel für ein ähnliches Gedicht:

Am farnbewachsnen Amazonasfluss
da hat der Indio Grancalle
eine kleine Hütte aus Bambus,
so etwas haben hier alle! ...

Die seltsame Speisekarte

Speisekarte im Jahre 2028
Eh' wir's vergessen:
Was möchten Sie essen?
Ich würde empfehlen
Eine Miniportion
Synthetische Austern
In Kalbsfrikassee
Zu wählen...
Dazu etwas Truthahn
Per Injektion...
Oder ein Astronautenmahl
Mit kulinarischem Laserstrahl:
Elektrogeschocktes Spiegelei
In Kapernsoße plus Algenbrei.
Probieren sollten Sie auch das Menü
„Chinesischer Tang
à la Telepathie"!
Dies alles lässt sich ohne zu kauen
In eins, zwei, drei Sekunden verdauen:
Ein Schluck, ein Dragee,
Ein Druck auf den Spray –
Schon füllt sich der Magen
Mit Wohlbehagen...
Und der Geschmack –
Das ist der Clou –
Den
Denken Sie sich selbst hinzu.

Michail Krausnick

(Aus: *Michail Krausnick,* Pausenliebe. Gereimtes und Ungereimtes. edition durchblick, Neckargemünd 2002)

Schreibaufträge:

1. Du bist der Koch. Wo kaufst du die Lebensmittel ein? Wie sieht deine Küche aus? Wer oder was hilft dir beim Kochen? ... Überlege dir eine Geschichte und schreibe sie auf.
2. Mit einer Zeitmaschine landest du im Restaurant und liest die Speisekarte des Jahres 2028. Schreibe deine Erlebnisse auf und schicke sie an deine Freunde nach Hause.
3. Hilf dem Koch eine neue Speisekarte zu erfinden.

- Such-Gedicht-Geschichte

Suche dir aus Lesebüchern oder Gedichtbänden ein Gedicht aus, das dir gefällt. Überlege dir wenigstens zu einer Strophe eine Geschichte und schreibe sie auf.

- Füllgedicht

Die Kinder erhalten die erste und die letzte Strophe des Gedichtes „Das Gewitter“ und sollen die fehlenden Strophen als Geschichte aufschreiben. Nach dem Vorlesen vergleichen die Kinder ihre Geschichten mit dem Originalgedicht.

Das Gewitter

Hinter dem Schlossberg kroch es herauf:
Wolken – Wolken!
Wie graue Mäuse,
ein ganzes Gewusel.

____
____
____

Plötzlich war alles vorüber,
die Sonne kam wieder
und blickte vergnügt
auf die Dächer, die nassen.

Josef Guggenmos

Das Gewitter

Hinter dem Schlossberg kroch es herauf:
Wolken – Wolken!
Wie graue Mäuse,
ein ganzes Gewusel.

Zuhauf
jagten die Wolken gegen die Stadt.
Und wurden groß
und glichen Riesen
und Elefanten
und dicken, finsteren Ungeheuern,
wie sie noch niemand gesehen hat.

„Gleich geht es los!“,
sagten im Kaufhaus Dronten
drei Tanten
und rannten heim,
so schnell sie
konnten.

Da fuhr ein Blitz
mit helllichtem Schein,
zickzack,
blitzschnell
in einen Alleebaum hinein.
Und ein Donner schmetterte hinterdrein,
als würden dreißig Drachen
auf Kommando lachen,
um die Welt zu erschrecken.
Alle Katzen in der Stadt
verkrochen sich
in die allerhintersten Stubenecken.

Doch jetzt ging ein Platzregen nieder!
Die Stadt war überall
nur noch ein einziger Wasserfall.
Wildbäche waren die Gassen.

Plötzlich war alles vorüber,
die Sonne kam wieder
und blickte vergnügt
auf die Dächer, die nassen.

Josef Guggenmos

(Aus: *Josef Guggenmos,* Ich will dir was verraten. 1992 Beltz Verlag, Weinheim und Basel. Programm Beltz & Gelberg, Weinheim)

- Okay-o jeh-Geschichten

Schreibauftrag: Lies dir das Gedicht durch und denke an deine Freunde. Kennst du auch einen Okay- oder O jeh-Jungen oder ein Okay- oder O weh-Mädchen? Schreibe dein Erlebnis mit ihnen auf.

Bist du ein richtiger Junge?

Kannst du lachen und singen
und mit den andern im Kreis herumspringen?
Kannst du das Baby wiegen?
Und manchmal das Heulen kriegen?
Dann bist du okay.

Oder tust du kalt und stolz,
als wärst du aus Holz?
Bist du ein Angeber und Gernegroß?
Dann ist nichts mit dir los.
O jeh!

Bist du ein richtiges Mädchen?

Kannst du klettern auf 'nen Baum
und die schönsten Kirschen klaun?
Und durch eiskaltes Wasser waten?
Und, wenn's drauf ankommt, keinen verraten?
Dann bist du okay.

Oder bist du feige und zimperlich?
Eingebildet und pingelig?
Und rennst vor jeder Maus zur Tür?
Dann wird nie 'ne richtige Frau aus dir.
O weh!

Ilse van Heyst

(Aus: Vorhang auf – Gedichte, Pädagogik Kooperative)

Eine Wintergeschichte

Schreibauftrag: Lies das Gedicht, stell dir die Winterlandschaft vor und schreibe auf, was du im Schnee erleben könntest.

Eine Wintergeschichte

Nachts, wenn es schneit

Wer in einer Winternacht,
wenn es still ist weit und breit,
aus dem ersten Schlaf erwacht,
weil es schneit und schneit und schneit:
auf die Dächer, auf die Brücken,
auf Platanen und auf Föhren,
Denkmalslöwen auf den Rücken –
kann den Winter wachsen hören.

Hans Baumann

(Aus: ders., Wer Flügel hat, kann fliegen. Hundert Gedichte. Verlag Ensslin & Laiblin. Reutlingen 1966)

Jimmy Spät und sein Fernsehgerät

Schreibauftrag: Du bist Reporter einer Zeitung. Schreibe über die Verwandlung von Jimmy Spät einen Zeitungsartikel.
Vorher können die Kinder ein DIN-A4-Blatt in vier Felder falten und die Verwandlung zeichnen.

Jimmy Spät und sein Fernsehgerät

Ich erzähl die Geschichte von Jimmy Spät,
die ist wahr, also hör gut zu.
Der saß so gern vor dem Fernsehgerät,
genauso oft wie du.

Er guckte vom Tage bis tief in die Nacht,
sein Gesicht wurde bleich und grau.
Er guckte das Vormittagsmagazin
und die letzte Tagesschau.

Er guckte sich die Augen weit,
bis er angewachsen war.
Ein Lautstärkeregler wuchs ihm am Kinn
und Antennen in seinem Haar.

In seinem Kopf wuchsen Fernsehröhren,
eine Mattscheibe war sein Gesicht,
seine Ohren wurden zwei Reglerknöpfe
für Bildschärfe und für Licht.

Und hinten wuchs eine Schnur wie ein Schwanz,
jetzt hängt er am Stromnetz dran.
Und Jimmy Spät guckt kein Fernsehen mehr,
sondern wir, wir sehen ihn an.

Shel Silverstein

(Aus: *Shel Silverstein,* Wo der Gehweg endet. Middelhauve Verlag. München o. J.)

Selber dichten

Freies Reimen
Die Kinder suchen in Partner- und Gruppenarbeit beliebige Reimwörter und bilden daraus Verse.

Beispiel:

Josey steht im Haus
und schaut heraus,
da sieht sie eine Maus,
welch ein Graus...

Gedichte mit allen Sinnen
Ein abstrakter Begriff wird beschrieben, indem Farbe, Geschmack, Geruch, Aussehen, Klang und Erleben assoziiert werden.

Schreibauftrag:
Wähle ein Wort aus, das eine Stimmung oder ein Gefühl ausdrückt, wie z. B. Freude, Traurigkeit, Liebe... . Beschreibe und vergleiche dieses Wort mit einer Farbe, einem Geschmack, Geruch, Aussehen, Klang und Erleben.

Beispiel:

Fröhlichkeit

Fröhlichkeit ist goldgelb.
Fröhlichkeit schmeckt wie ein großer Eisbecher.
Fröhlichkeit riecht wie ein schöner Sommertag.
Fröhlichkeit ist wie ein gurrendes Lachen.
Fröhlichkeit klingt hell.
Fröhlichkeit ist wie gute Laune.

Verändern von Gedichten

Kindsein ist süß
Nach dem Lesen des Gedichtes und einer Aussprache darüber, dichten die Kinder das Gedicht um.
Schreibaufrag 1:
Schreibe die einzelnen Aufforderungen so um, wie du sie gerne von deinen Eltern hören würdest.
Beispiel:
Kannst du mir bitte dabei helfen?
Kannst du das bitte bleiben lassen, das stört mich! ...

Schreibauftrag 2:
Überlege, was deine Eltern Nettes zu dir sagen. Schreibe das Gedicht um: „Kindsein ist süß!“
Beispiel:
Schön, dass du da bist!
Ich hab dich sehr vermisst.
Du kannst toll malen
und gut umgehen mit Zahlen...

Kindsein ist süß?
Tu dies! Tu das!
Und dieses lass!
Beeil dich doch!
Heb die Füße hoch!
Sitz nicht so krumm!
Mein Gott, bist du dumm!
Stopf's nicht in dich rein!
Lass das Singen sein!
Du kannst dich nur mopsen!
Hör auf zu hopsen!
Du machst mich verrückt!
Nie wird sich gebückt!
Schon wieder 'ne Vier!
Hol doch endlich Bier!
Sau dich nicht so ein!
Das schaffst du allein!
Mach dich nicht so breit!
Hab jetzt keine Zeit!
Lass das Geklecker!
Fall mir nicht auf den Wecker!
Mach die Tür leise zu!
Lass mich in Ruh!

Kindsein ist süß?
Kindsein ist mies!

Susanne Kilian

(Aus: *Hans-Joachim Gelberg, (*Hrsg.), Geh und spiel mit dem Riesen. 1971 Beltz Verlag, Weinheim und Basel. Programm Beltz & Gelberg, Weinheim)

Frieden

Die Kinder lernen zunächst das Originalgedicht von G. Kunert kennen. In Anlehnung an seine Struktur entsteht ein eigenes Gedicht über ein selbst gewähltes Thema.

Auf der Schwelle des Hauses In den Dünen sitzen. Nichts sehen als Sonne. Nichts fühlen als Wärme. Nichts hören als Brandung. Zwischen zwei Herzschlägen glauben: Nun ist Frieden.	*Spielplatz* *Auf der Rutsche sitzen.* *Nichts sehen als Kinder.* *Nichts fühlen als Freude.* *Nichts hören als Lachen.* *Zwischen zwei Atemzügen glauben:* *Jetzt trau ich mich rutschen.*
Günter Kunert	Ann-Katrin

(Aus: Erinnerung an einen Planeten. C. Hanser Verlag, München 1963)

Gedichte in anderer Sprache
Sie eignen sich zum Nachdichten, sofern sie eine deutliche Struktur erkennen lassen, z. B.:

avenidas avenidas y flores flores flores y mujer avenidas avenidas y mujeres avenidas y flores y mujeres y un admirador	Tränen Tränen und Schmerz Schmerz Schmerz und Freude Tränen Tränen und Freude Tränen und Schmerz und Freude und ein Freund
Eugen Gomringer	Bianca

(Aus: *Eugen Gomringer,* vom rand nach innen. Edition Splitter, Wien 1995)

Mein Ball
Die Kinder lesen das Gedicht und finden eigene Vergleiche, wie hoch der Ball hüpft.

Schreibauftrag: Finde eigene Dinge, die fliegen oder fallen können und erfinde ein ähnliches Gedicht.

Mein Ball

Mein Ball
zeigt was er kann,
hüpft
HOCH WIE EIN MANN
dann
HOCH WIE EINE KUH
dann
HOCH WIE EIN KALB
dann
HOCH WIE EINE MAUS
dann
HOCH WIE EINE LAUS
dann
RUHT ER SICH AUS

Josef Guggenmos

(Aus: *Josef Guggenmos,* Ich will dir was verraten. 1992 Beltz Verlag, Weinheim und Basel, Programm Beltz & Gelberg, Weinheim)

Vokalgedicht
Die Kinder lesen das Vokalgedicht und erfinden ein eigenes Gedicht mit anderen Vokalen. Wortlisten zu den Vokalen helfen dabei.
Schreibauftrag: Erfinde ein eigenes Gedicht zum Selbstlaut a, e, i oder u.
Beispiele:
anja aß ananas, iris rief igittigitt; uwe untersucht muscheln...

otto mops

ottos mops trotzt
otto: fort mops fort
ottos mops hopst fort
otto: soso

otto holt koks
otto holt obst
otto horcht
otto: mops mops
otto hofft

ottos mops klopft
otto: komm mops komm
ottos mops kommt
ottos mops kotzt
otto: ogottogott

Ernst Jandl

(Aus: Der künstliche Baum. Luchterhand Verlag. Neuwied/Berlin 1970)

Wann Freunde wichtig sind
Die Kinder notieren zur Überschrift des Gedichtes Gedanken auf einen Zettel. Anschließend stellt jedes Kind einen Gedanken der Klasse vor und bringt seinen Zettel an der Tafel an. Nachdem die Lehrerin das Gedicht vorgelesen hat, setzen die Kinder ihre Gedanken in Gedichtform um. Dabei können sie sich von den Ideen ihrer Mitschüler an der Tafel anregen lassen.

Wann Freunde wichtig sind

Freunde sind wichtig
zum Sandburgenbauen,
Freunde sind wichtig,
wenn andre dich hauen,
Freunde sind wichtig
zum Schneckenhaussuchen,
Freunde sind wichtig
zum Essen von Kuchen.

Vormittags, abends,
im Freien, im Zimmer ...
Wann Freunde wichtig sind?
Eigentlich immer!

Georg Bydlinski

(Aus: *Georg Bydlinski,* Wasserhahn und Wasserhenne. Gedichte und Sprachspielereien. Dachs Verlag, Wien 2002)

Fortsetzen von Gedichten
Im folgenden Gedicht ist immer ein Wort in einem anderen versteckt. Die Kinder suchen die versteckten Wörter und suchen dann weitere Beispiele.

Eins im Andern versteckt

Im *Mund* steckt das *und,*	
Im *Bauch* ein *auch,*	
In der Zwei steckt ein...,	(Ei)
In der Nacht eine...,	(Acht)
Im Mast steckt ein...,	(Ast)
Und im Bruder das...,	(Ruder)
In der Falle steckt das...,	(alle)
Aber im Schreiner nur...	(Einer)

Unbekannter Verfasser

Kinder heut' ist Wochenmarkt

Wie komisch der ausländische Tuchhändler erzählt
Leute, seht an meinem Stand
buntes Tuch aus fernem Land:
Seidenstoff aus Indien
kann man bei mir findien,
Wolle aus Australien –
ihr brauch nur zu zahlien!

Habe Stoff von nah und fern
für die Dame und den Herrn:
Seide aus Chinesien,
wo ich selbst gewesien,
Tuche aus Arabien
können Sie hier habien!

Stoffe aus der ganzen Welt
biete ich für wenig Geld:
Leinen aus Franzosien
für Pyjama-Hosien,
und ein Tuch aus Afrika
kriegen sie umsonstia!

James Krüss

(Aus: *James Krüss,* Kinder heut' ist Wochenmarkt. Stalling Verlag. Oldenburg 1957)

Nachdem die Lehrerin das Gedicht betont vorgelesen hat, erklären die Kinder, was an dem Gedicht komisch ist. Dabei entdecken sie die Reimstruktur: Das Gedicht enthält Paarreime und sich nicht reimende Wörter verändert der Dichter so, dass sie sich reimen.

Schreibauftrag:

Welche Waren könnte ein Händler aus einem fernen Land noch anbieten? Denke z. B. an Gewürze, Obst, Gemüse, Schmuck... Setze nun das Gedicht fort.

Erfinden von Reihengedichten

Das folgende Reihengedicht besteht aus Paarreimen, die aufeinander aufbauen. Das letzte Wort des Paarreimes führt zum nächsten Reimpaar und ist häufig ein Namenwort.

Nach dem Herausarbeiten der Struktur erfinden die Kinder ein eigenes Gedicht mit gleichem Aufbau, aber neuen Inhalten.
Schreibauftrag: Wähle einen Gedichtanfang aus und erfinde ein eigenes Reihengedicht.

Beispiel:

Es war einmal eine *Kuh,*
die hatte niemals *Ruh.*

Die Ruh, die war schnell *weg,*
da kam der nächste *Zeck.*

Der Zeck, der saß im *Fell,*
und fraß sich voll ganz *schnell.*

Beispiele für Gedichtanfänge:
- Es war einmal ein Boot, das geriet recht schnell in Not...
- Es war einmal ein Kind, das rannte wie der Wind...
- Es war einmal ein Stern, der hatt' einen goldnen Kern...

„Es war einmal ein Mann,
der hatte einen Schwamm.

Der Schwamm war ihm zu nass,
da ging er auf die Gass.

Die Gass war ihm zu kalt,
da ging er in den Wald.

Der Wald war ihm zu grün,
da ging er nach Berlin.

Berlin war ihm zu voll,
da ging er nach Tirol.

Tirol war ihm zu klein,
da ging er wieder heim.

Daheim wars ihm zu nett,
da legt er sich ins Bett.

Im Bett war eine Maus,
und die Geschicht' ist aus.

Verfasser unbekannt

Hannes fehlt

Sie hatten einen Schulausflug gemacht. Jetzt war es Abend, und sie wollten mit dem Autobus zur Stadt zurückfahren. Aber einer fehlte noch. Hannes fehlte. Der Lehrer merkte es, als er die Kinder zählte.
„Weiß einer etwas von Hannes?“, fragte der Lehrer.
Aber keiner wusste etwas.
Sie sagten: „Der kommt noch.“ Sie stiegen in den Bus und setzten sich auf ihre Plätze.
„Wo habt ihr ihn zuletzt gesehen?“, fragte der Lehrer.
„Wen?“, fragten sie. „Den Hannes? Keine Ahnung. Irgendwo. Der wird schon kommen.“
Draußen war es jetzt kühl und windig, aber hier im Bus hatten sie es warm. Sie packten ihre letzten Butterbrote aus.
Der Lehrer und der Busfahrer gingen die Straße zurück.
Einer im Bus fragte: „War der Hannes überhaupt dabei? Den hab' ich gar nicht gesehen.“
„Ich auch nicht“, sagte ein anderer.
Aber morgens, als sie hier ausstiegen, hatte der Lehrer sie gezählt, und beim Mittagessen im Gasthaus hatte er sie wieder gezählt und dann noch einmal nach dem Geländespiel. Da war Hannes also noch bei ihnen.
„Der ist immer so still“, sagte einer. „Von dem merkt man gar nichts.“
„Komisch, dass er keinen Freund hat“, sagte ein anderer, „ich weiß noch nicht einmal, wo er wohnt.“
Auch die anderen wussten das nicht.
„Ist doch egal“, sagten sie.
Der Lehrer und der Busfahrer gingen jetzt den Waldweg hinauf.
Die Kinder sahen ihnen nach.
„Wenn dem Hannes jetzt etwas passiert ist?“, sagte einer.
„Was soll dem passiert sein?“ rief ein anderer. „Meinst du, den hätte die Wildsau gefressen?“
Sie lachten. Sie fingen an, sich über die Angler am Fluss zu unterhalten, über den lustigen alten Mann auf dem Aussichtsturm und über das Geländespiel. Mitten hinein fragte einer: „Vielleicht hat er sich verlaufen? Oder er hat sich den Fuß verstaucht und kann nicht weiter. Oder er ist bei den Kletterfelsen abgestürzt?“
„Was du dir ausdenkst!“, sagten die anderen. Aber jetzt waren sie unruhig. Einige stiegen aus und liefen bis zum Waldrand und riefen nach Hannes.

Unter den Bäumen war es schon ganz dunkel. Sie sahen auch die beiden Männer nicht mehr. Sie froren und gingen zum Bus zurück.
Keiner redete mehr. Sie sahen aus den Fenstern und warteten.*
In der Dämmerung war der Waldrand kaum noch zu erkennen. Dann kamen die Männer mit Hannes. Nichts war geschehen. Hannes hatte sich einen Stock geschnitten, und dabei war er hinter den anderen zurückgeblieben. Dann hatte er sich etwas verlaufen. Aber nun war er wieder da, nun saß er auf seinem Platz und kramte im Rucksack. Plötzlich sah er auf und fragte:
„Warum seht ihr mich alle so an?"
„Wir? Nur so", sagten sie.
Und einer rief: „Du hast ganz viele Sommersprossen auf der Nase!"
Sie lachten alle, auch Hannes.
Er sagte: „Die hab' ich doch schon immer."

Ursula Wölfel

(Aus: *Ursula Wölfel,* Die grauen und die grünen Felder. 1970 Beltz Verlag, Weinheim und Basel, Edition Anrich, Weinheim)

Wechselnde Erzählperspektive
Die Kinder hören oder lesen eine vorgegebene Geschichte, versetzen sich in eine bestimmte Rolle und schreiben aus dieser Perspektive die Geschichte neu.
Beispiel: Die Geschichte aus der Sicht von Hannes
„ ... Viel lieber lief ich am Ende der Gruppe. So musste ich mich nicht unterhalten und konnte mir den Wald viel genauer ansehen. Was es da alles zu sehen gab. Und plötzlich fand ich einen tollen Stock, den man mühelos zu einem Spazierstock schnitzen konnte. Sofort machte ich mich ans Werk ..."
Weitere Erzählperspektiven: Die Geschichte aus der Sicht des Lehrers, eines Mitschülers, der Eltern, des Busfahrers...

Neuer Schluss
Die Kinder hören oder lesen eine Geschichte ohne deren Schlussteil und denken sich das Ende der Geschichte selbst aus. Danach vergleichen sie ihren Schluss mit dem ursprünglichen Schluss der Geschichte.
Beispiel „Hannes fehlt": Die Lehrerin liest die Geschichte bis zum Sternchen vor. Die Kinder überlegen, was mit Hannes geschehen sein könnte, z. B. dass Hannes sich verletzt hat, sich verlaufen hat, nach Hause getrampt ist, sich einen Spaß erlaubt hat und hinter dem Bus wartet...

Fortsetzungsgeschichte
Die Kinder lesen eine Geschichte und erfinden im Anschluss daran eine weitere Folge. Hilfsimpulse der Lehrerin erleichtern das Fortsetzen.
Beispiel „Hannes fehlt“: Eine neue Folge könnte den Schulalltag und Umgang der Klassenkameraden mit Hannes nach seinem Verschwinden beschreiben.
Hilfsimpulse:
Auf der Heimfahrt erzählt Hannes im Bus seine Erlebnisse.
Hannes kommt am nächsten Morgen in die Schule, wie nehmen ihn seine Klassenkameraden auf?
Allgemeine Impulse:
Was könnte am nächsten Morgen bzw. Tag geschehen?
Wie könnte ... auf die Erlebnisse reagieren?
Was könnten diese Personen noch erleben?

Umschreiben von Geschichten
Die Kinder lesen oder hören eine Geschichte bis zum Schluss oder bis zu einer geeigneten Stelle. Danach erhalten sie konkrete Schreibaufträge, die der Geschichte eine neue Wendung geben und schreiben diese auf.
Beispiel „Hannes fehlt“: Die Lehrerin liest bis zum Sternchen.
Schreibaufträge zum Verändern:
Hannes hat zufällig eine Schatzkarte entdeckt. Gemeinsam zieht die Klasse los...
Hannes hat einem verwundeten Wanderer erste Hilfe geleistet...
Hannes hat einen ausgesetzten Hund entdeckt und mitgebracht...
Ein Förster kommt aufgeregt zum Bus gelaufen und berichtet atemlos...

Zeitungsberichte

Aus Überschriften oder kurzen Mitteilungen wie E-mails erstellen die Kinder Zeitungsberichte.
Themenbeispiele:
- Unwetter über dem Bodensee – Segelboote gekentert
- Stromausfall in München
- Ufo im Maisfeld gesichtet
- Wertvoller Schmuck bei Ausgrabungen entdeckt
- Unglaubliche Entdeckung der Höhlenforscher

Schreiben zu Kinderliteratur

Bücher fortsetzen
Die Lehrerin präsentiert den Kindern ein Buch oder eine Geschichte und liest einführende Kapitel oder Teile vor. Die Kinder setzen den Inhalt fort und lesen

sich ihre Texte gegenseitig vor. Im Anschluss daran erfahren die Kinder den vom Autor gewählten Ausgang.
Beispiel: „Die kleine Hexe“ von Otfried Preußler
Schreibideen:

- Die kleine Hexe probiert weitere Hexenkunststücke aus.
- Der kleinen Hexe begegnet ein kleiner Zauberlehrling.
- Die kleine Hexe hext sich auf einen anderen Planeten.

Klassenbücherei – Buchkurzbeschreibungen

- Klappentext: Die Kinder schreiben zu gelesenen Büchern eine kurze Inhaltsangabe, ohne den Ausgang der Handlung zu verraten. So erkennen die anderen Kinder, ob sie das vorliegende Buch interessiert und sie es sich ausleihen möchten.
- Buchkritik: Die Kinder beurteilen ein gelesenes Buch und schreiben ihre Meinung auf eine Karteikarte. Die Karteikarten werden in einem Karteikasten neben der Klassenbücherei zum Informieren gesammelt.

Neue Texte zu bekannten Figuren

Die Kinder erfinden eigene Geschichten zu bekannten Kinderbuchfiguren, z. B.:

- „Meister Eder und sein Pumuckl“ von Ellis Kaut
  Erfinde Pumuckls neue Streiche.
- „Pippi Langstrumpf“ von Astrid Lindgren
  Pippi geht einen Tag mit dir zur Schule. Erzähle.
- „Das Vamperl“ von Renate Welsh
  Das Vamperl wohnt bei dir zu Hause. Was passiert?
- „Die kleine Hexe“ von Otfried Preußler
  Erfinde ein neues Hexenabenteuer.
- „Das Haus der 99 Geister“ von Wolfgang Ecke
  Erfinde eine neue Detektivgeschichte.
- „Die Insel der 1000 Gefahren“ von Edward Packard
  Erfinde zusammen mit deiner Gruppe einen neuen Abenteuerweg auf der Insel.
- „Hilfe, die Herdmanns kommen“ von Barbara Robinson
  Erfinde einen neuen Streich der Herdmannkinder.

Name: ______________________	Datum: __________	KV 49

Mein Urteil zu dem Buch

Autor: ____

Titel: ____

Das Buch war

☐ spannend ☐ traurig

☐ langweilig ☐ lehrreich

☐ lustig ☐ nicht sehr lehrreich

Das hat mir gut gefallen: ______________________________

____

____

____

____

____

____

Das hat mir nicht gefallen: ____________________________

____

____

____

____

____

____

Mein Gesamturteil: 

Je mehr Smilies angemalt sind, desto besser hat mir das Buch gefallen.

3.4 Freie Texte und Schreibanlässe

Cluster

Das Cluster oder schriftliche Brainstorming eignet sich zum Hineindenken in ein neues Schreibthema sowohl beim freien als auch beim gebundenen Schreiben.

Beispiel Schreibthema Herbst: Alle Inhalte, die dem Kind dazu einfallen, ordnet es um den zentralen Begriff herum an. Es entstehen Gedankenketten, die durch Striche miteinander verbunden werden. In der Gruppe ist das Assoziieren ergiebiger als in Einzelarbeit.

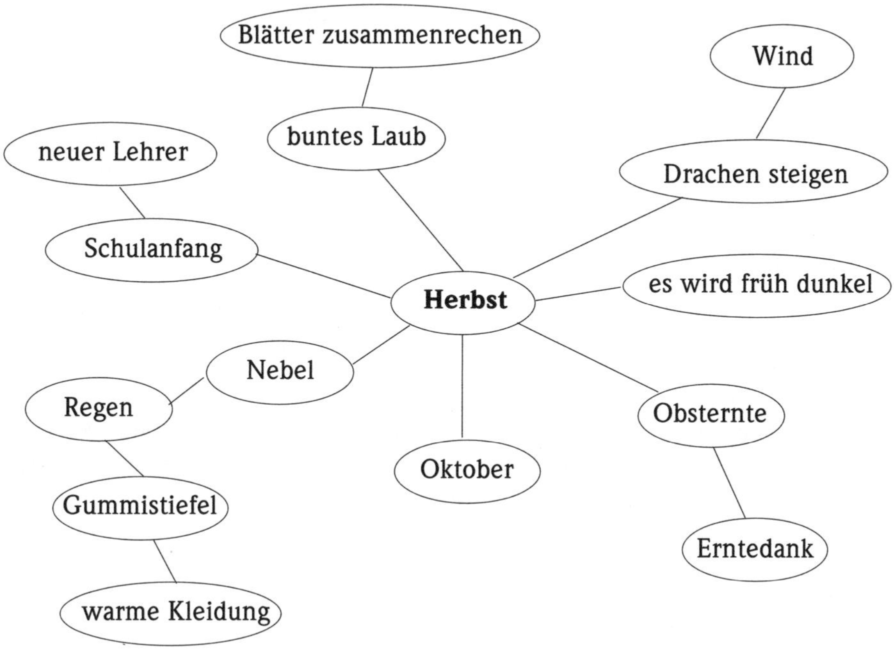

Mit der Clustermethode kann das Kind vielfältige Gedanken und umfassendes Wortmaterial für seine Geschichte finden. Oftmals ruft die scheinbar beliebige Anordnung der Gedanken ein Aha-Erlebnis hervor, das zu einer Schreibintention führt. Je nach Auswahl der Gedankenkette entstehen somit unterschiedliche Geschichtenverläufe.

Clusterhilfe für Kinder:

> Clustern – gewusst wie!
>
> 1. Schreibe dein Wort in die Mitte einer leeren Seite und kreise es ein.
> 2. Lass deine Gedanken schweifen.
> 3. Schreibe deine Ideen zu dem Begriff schnell auf und kreise sie ein. Ist es eine neue Idee, dann verbinde sie mit dem Wort in der Mitte. Passt die Idee zu einem vorhandenen Wort, so hängst du sie dort an.
> 4. Setze deine Gedankenkette so lange fort, bis dir nichts mehr einfällt.
> 5. Wenn dir klar ist, worüber du schreiben willst, kannst du aufhören.
> 6. Denke daran, es gibt kein richtig oder falsch.

Wörterbörse

Jedes Kind schreibt zu einem vorgegebenen Thema dazu passende Wörter auf Kärtchen (pro Karte ein Wort) und legt diese auf den Boden vor die Tafel. Anschließend wählt sich jedes Kind Wörter aus und baut sie in eine kurze Geschichte ein.
Beispiel: Thema Wasser
Fisch Alge Abwasserkanal Kläranlage Gummistiefel Regenwolke Trinkwasser Wurm Seerose gießen Bootstour kalt nass Weiher Baden Karpfen angeln Eimer

Möglicher Text:
Am Samstagmorgen will ich mit meinem Vater zum *Weiher* gehen. Weil das Wetter schlecht ist und viele *Regenwolken* am Himmel sind, muss ich meine *Gummistiefel* anziehen. Nach zwei Stunden *angle* ich endlich einen großen Fisch...

Erzählbaukasten

Mit dem Erzählbaukasten kann das Kind Schreibanlässe finden und daraus spielerisch Geschichten entwickeln. Die Karten sind eingeteilt in die Bereiche: Personen, Orte, Situationen und Gegenstände. Das Kind zieht aus jedem Bereich beliebig viele Karten und erfindet mit diesen Schreibimpulsen eine Geschichte. Weniger schreibgewandte Kinder erhalten auf der Kartenrückseite Zusatzhilfen. Der Erzählbaukasten lässt sich sowohl in Einzel- als auch in Partner- oder Gruppenarbeit einsetzen. Mit der beiliegenden Spielanleitung eignet er sich auch für Freiarbeit. Außerdem können die Kinder die Karten laufend mit eigenen und ausgeschnittenen Beiträgen erweitern.
Kartenbeispiele:

Spielanleitung 1:

Holt euch die Karten der Familie Zimmermann.
Wählt aus, wen ihr darstellen wollt.

Es sind auch leere Karten dabei.
Hier könnt ihr euch noch weitere Personen ausdenken.

Spielanleitung 2:

Legt alle übrigen Kartenstöße verdeckt vor euch.

Zieht von jedem Stoß eine Karte.

Und los geht's!

Spielanleitung 3:

Ihr habt immer noch keine Idee und wisst nicht weiter?

Dann zieht eine oder mehrere neue Karten.

Spielanleitung 4:

Auf der Rückseite der Karten findet ihr noch mehr Anregungen.

Herr Zimmermann
Vater

Frau Zimmermann
Mutter

Hannes
Zimmermann

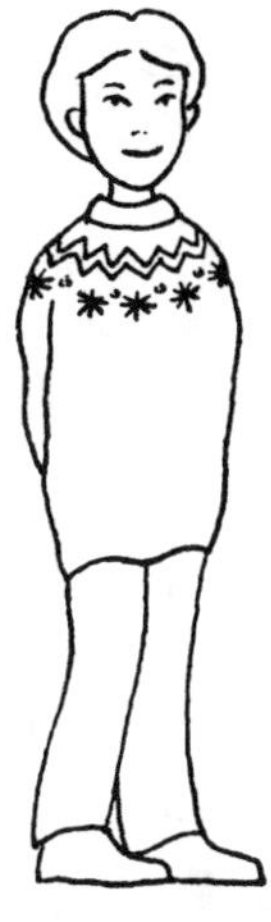

Lisa
Zimmermann

Sabine
Zimmermann

Tom Zimmermann
Onkel

Gaby Zimmermann
Tante

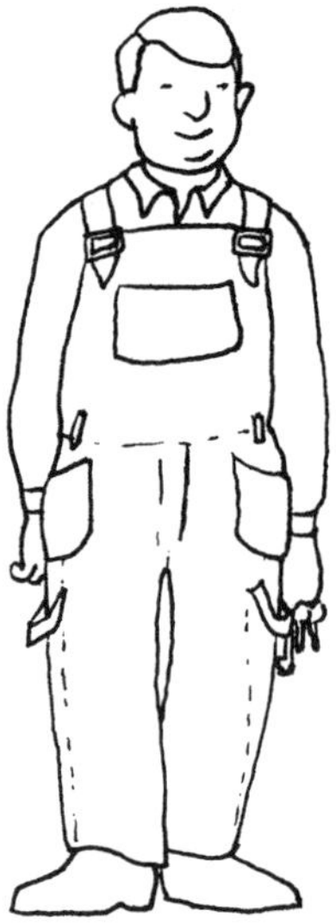

Herr Keller
Hausmeister

- Mit wem spielt der Junge?
- Welches Spiel spielt er?
- Warum schaut er so erstaunt?

- Wo sind die beiden Kinder?
- Was könnten sie planen?

SEE

WIESE

Beschreibe den See und das Ufer.

- Welche Pflanzen wachsen am Ufer?
- Welche Tiere leben hier?
- Ist das Wasser klar?
- Gibt es ein Boot?

Beschreibe die Wiese.

- Welche Pflanzen wachsen auf der Wiese?
- Welche Tiere leben hier?
- Was kannst du hier tun?

- Wem könnte dieses Auto gehören?
- Wo könnte er/sie damit hinfahren?
- Warum?

- Wer fliegt dieses Flugzeug?
- Wo könnte es hinfliegen?
- Welche Passagiere hat es an Bord?
- Welche Ladung hat es an Bord?

STROHHUT

MUSCHEL

Themenschachteln, Geschichtenkoffer und Verkleidungstruhe

Themenschachteln für Freiarbeit

Es stehen Schachteln mit verschiedenen kleinen Gegenständen und Wortkarten zu verschiedenen Themen bereit. Das Thema steht jeweils außen auf der Schachtel. Die Kinder wählen eine Schachtel aus und verwenden die Gegenstände und Wörter für ihre Geschichte.
Beispiel: Die Themenschachtel „Meer" enthält Muscheln, Steine, Sand und die Wörter „Piraten, Schatz, Segelboot".
Weitere Themenschachteln:
Fußball, Unterwasserwelt, Burgruine, Kellerverlies, Vergnügungspark, Modenschau...

Geschichtenkoffer

In einem realen Koffer befinden sich Gegenstände, die die Kinder zum Geschichtenschreiben anregen sollen.
Als Einstieg erzählt die Lehrerin folgende Geschichte:

> Onkel Johns geheimnisvoller Koffer
>
> Mein Onkel John geht sehr viel auf Reisen. Er ist schon in der ganzen Welt herumgekommen. Es gibt wahrscheinlich kein Land, in dem er noch nicht war. Letztes Jahr war er in Indien, das Jahr davor in Thailand. Ab und zu kommt er nach Deutschland und besucht mich. Auch in diesen Ferien hat er mich besucht, und er hatte diesen geheimnisvollen Koffer dabei. Allerdings durfte ich nicht hineinschauen. Er hat mir nur verraten, dass die Dinge darinnen viel von seinen Reiseabenteuern erzählen könnten.
> Als Onkel John abgereist ist, hat er den Koffer bei mir vergessen. Nach ein paar Tagen habe ich es vor Neugier nicht mehr ausgehalten und den Koffer geöffnet...

Für die Freiarbeit klebt die Lehrerin die Einstiegsgeschichte auf den Koffer.
Beispiele für den Kofferinhalt:
Masken, Statuen, Bilder, Karten, Schmuck, Werkzeug, Fotos, Bücher, Kleidung, Kerzen...

Verkleidungskiste

In einer Kiste befinden sich verschiedene Kleidungsstücke. Die Kinder verkleiden sich beliebig und versetzen sich so in ein anderes Wesen. Sie überlegen, welche Erlebnisse sie haben könnten und schreiben diese auf.

Schülerzeitung

Sie wird von einer Klasse, einem Teil der Klasse oder einer klassenübergreifenden Arbeitsgemeinschaft für eine Klasse, die Parallelklassen oder die ganze Schulgemeinschaft gemacht.
Beim Erstellen der Zeitung lernen die Kinder ein wichtiges Medium und den kritischen Umgang damit kennen, und üben sich in adressatenbezogenem und intentionsgemäßem Schreiben.

Grundsätze und Tipps für die Durchführung

- Die Kinder schreiben zu Themen, die sie interessieren, und achten dabei auf eine faire Berichterstattung.
- Die Kinder fertigen alle Beiträge selbst, da das Urheberrecht zu beachten ist.
- Die Kinder überlegen gemeinsam einen Namen für die Zeitung und legen die einzelnen Rubriken fest, z. B. Sport, Lustiges, Spiele... Günstig sind jeweils ein Schwerpunktthema und wiederkehrende Rubriken, wie z. B.:
- Informationen wie Meldungen, Klassennachrichten, Berichte, Interviews, Sachinformationen (Kochrezept, Bastelanleitung)...
- Meinungen wie Kommentare zu aktuellen Ereignissen, Glossen, Kritiken, Leserbriefe...
- Unterhaltung wie Rätsel, Witze, Fotos, Krimis, Erzählungen, Buchbesprechungen, Spielideen...

Anschließend entscheiden sich die Kinder für einen Bereich, zu dem sie schreiben wollen und informieren sich darüber.
In Schreibkonferenzen werden die Beiträge geordnet und überarbeitet (vgl. Kap. 5).

- Am Schuljahresende kann rückwirkend mit gesammelten Texten und Zeichnungen eine Klassenzeitung erstellt werden.
- Wenn die Zeitung nicht an der Schule kopiert werden kann, ist die Finanzierung des Drucks rechtzeitig zu bedenken.

Weitere Anregungen zum freien Schreiben

Geschichtenanfänge

Die Kinder wählen aus verschiedenen Geschichtenanfängen einen aus und erfinden eine Geschichte dazu. Beispiele:

- Das Piratenschiff „Totenkopf“ steuert eine unbewohnte Insel an. Die Piraten gehen von Bord, um ihre Schätze zu verstecken, da...
- Der Gärtner Blumenfreund hat eine sensationelle Entdeckung gemacht. Mit seiner neuen Züchtung, einer außergewöhnlichen Blume, kann er...

- Wenn du in Australien bei den Eingeborenen des Hanida-Stammes das weiße Amulett trägst, verleiht es dir…
- Mit der Ti-Card kannst du in deinen Computer schlüpfen und wieder herauskommen, wo du willst. Du machst dich gespannt auf den Weg.

Erzählkarten
Aus Zeitschriften schneiden die Lehrerin oder die Kinder Bilder aus, die in einer Geschichte sowohl den Anfang, als auch die Mitte oder das Ende bilden können, und kleben sie auf Karten. Ein Kind zieht eine Karte, platziert sein Bild auf einem Feld von Kopiervorlage 50 und erfindet eine passende Geschichte.

Herstellen von Büchern

Die Kinder erstellen zu einem bestimmten Thema ein Buch. Der Zeitraum für das Erstellen ist variabel: Ein Sachbuch entsteht während einer Unterrichtssequenz, ein übergreifendes Thema wie z. B. ein Jahresbericht oder ein Rezeptbuch entsteht im Laufe eines Schuljahres.
Die Bücher können auf verschiedene Weise gefaltet, geklammert oder gebunden werden.
Beispiele:
- Tagebuch: Das persönliche Tagebuch ist nur für den Schreiber zugänglich; das Klassentagebuch erstellen alle Kinder einer Klasse.
- Jahreszeitenbuch, Weihnachtsbuch, Neujahrsbuch, Rätsel- und Witzebuch, Rezeptbuch, Spielebuch
- Museumszeitschrift
- aktuelle Themen, die die Medien beherrschen
- Traumbuch: Ich habe geträumt…
- Gefühlebuch: Ich bin fröhlich, traurig, müde…, wenn…

Schreiben für den Morgenkreis
Die Kinder schreiben Beiträge für den täglichen Morgenkreis. Thema, Textsorte und Hilfsmittel wie Lexika und Bücher kann der Schreiber frei wählen. Die Kinder lesen ihren Text im Morgenkreis vor, stellen ihn später im Klassenzimmer aus und heften ihn im „Morgenkreisbuch“ ab.

Ideenkiste
Zu einem Rahmenthema liegen Karten mit unterschiedlichen Schreibimpulsen bereit: eine Karte mit einem Bild, eine Karte mit drei Reizwörtern und eine Karte mit einem möglichen Geschichtenanfang. Die Kinder wählen eine Karte aus und schreiben eine Geschichte dazu.
Zusätzlich liegen noch leere Karten bereit, die die Kinder mit eigenen Bild- oder Wortideen gestalten können. Beispiel: Thema Maus.

KV 50

Für Geschichtenerfinder

Lege deine Erzählkarte an die passende Stelle und schreibe eine Geschichte dazu.

Am Anfang der Geschichte

Im Hauptteil der Geschichte

Am Schluss der Geschichte

Maus 1	Maus 2

Maus 3	Maus 4
Maus – Regenschirm – weite Reise	Eine Maus versteckt sich bei einem Gewitter unter einem herumliegenden Schirm. Plötzlich packt ein Windstoß den Schirm und bläst ihn fort. Die Maus klammert sich am Schirm fest und geht auf eine weite Reise …

4. Projekte

Zum Begriff

Projekte sind fächerübergreifend und fördern beim Kind sowohl die produktive Fantasie als auch soziale Fähigkeiten wie Zusammenarbeit, Rücksichtnahme, Selbstständigkeit und Verantwortungsbewusstsein.
Anknüpfend an eine Realsituation planen Lehrerin und Kinder gemeinsam ein Vorhaben und realisieren es in kooperativen Arbeitsformen über einen längeren Zeitraum.
Wenn ein Kind weiß, für wen oder an wen es schreibt, kann es sich von vornherein auf den Adressaten einstellen und sein Schreibprodukt ernst nehmen. Dieser Adressatenbezug fördert

- die Schreibbereitschaft der Kinder, weil sie wissen, dass ihre Texte veröffentlicht werden,
- die zwischenmenschliche Verständigung und das soziale Handeln, indem sich das Kind in die Rolle des Lesers versetzt und schrittweise lernt, sowohl dem Adressaten als auch der Intention gemäß zu formulieren.

4.1 Projekt: Die Patenklasse

Beginn des Projekts im 1. und 3. Schuljahr

Kinder im zweiten Schuljahr übernehmen die Patenschaft der künftigen Schulanfänger. Im Sommer besuchen die Vorschulkinder die Klasse und nehmen erste Kontakte auf. Die Kinder des zweiten Schuljahres entwerfen eine Einladung zum Schnupperunterricht für die Vorschulkinder um die Vorfreude auf die Schule zu wecken.

- 3. Schuljahr: „Herzlich-Willkommen-Geschichten“

Die Kinder beschreiben erlebte oder erfundene lustige Schulsituationen und lesen sie den Schulanfängern vor.

- 1. Schuljahr: „Danke-Plakat“

Die Kinder malen sich, unterschreiben das Bild und gestalten mit ihren Werken ein Plakat.

- 3. Schuljahr: „So-viel-kann-ich-schon-Buch“

Jedes Kind erstellt für einen Schulanfänger ein achtseitiges Büchlein. Dazu werden zwei DIN-A4-Blätter auf DIN-A5-Format gefaltet und ineinandergesteckt.
Die Kinder beschriften jede Seite und veranschaulichen sie mit Bildern so, dass die Schulanfänger den Arbeitsauftrag verstehen und ihr Büchlein selbstständig gestalten können.

Seitenthemen zur Auswahl:
– Das bin ich. – Ich kann lesen. – Ich kann schreiben. – Ich kann rechnen. – Ich melde mich richtig. – Meine rechte/linke Hand – In der Pause ist es schön! – Das ist in meiner Büchertasche: – Das kann ich noch...

- 1. und 3. Schuljahr: Weihnachtskarten

Die Kinder schreiben sich gegenseitig Weihnachtskarten.

- 3. Schuljahr: Basteln von Spielen

Die Kinder entwerfen einfache Spiele und formulieren kurze und übersichtliche Spielanleitungen dazu.

- 1. Schuljahr: Einladen der Patenklasse zu einem Malspiel

Jeweils ein Kind des 1. und 3. Schuljahres verpusten Wasserfarbe mit Strohhalmen, dabei entstehen sonderbare Figuren. Danach erfinden sie eine Geschichte zu ihrem Bild und erzählen sie oder schreiben sie auf.

- 3. Schuljahr: Erfinden von Pumuckl-Geschichten für unsere Patenklasse

Die Kinder schreiben die Streiche auf und arbeiten den Höhepunkt gut heraus, was vorher erklärt wurde.

- 1. Schuljahr: Umsetzen der Pumuckl-Geschichten in Bilder

Die Kinder malen zu den Geschichten ein Bild oder eine Bilderfolge und schreiben einen Satz zu jedem Bild. Abschließend überreichen sie ihre Werke den Paten.

1. und 3. Schuljahr: Gemeinsamer Wandertag
Bei der gemeinsamen Wanderung sammeln die Erstklässler in Eierkartons zehn unterschiedliche Dinge. Die Drittklässler schreiben eine Wandertagsgeschichte, in der sie die Fundstücke „einbauen“. Aus allen Erzählungen wird ein Buch zusammengestellt.

Weiterführung des Projekts im 2. und 4. Schuljahr

- 4. Schuljahr: Anlegen einer Mappe zum Thema „Wasser“

Verwendung folgender Schreibformen: Brief, Sachtext, Bericht, Rätsel, Geschichte bzw. Erzählung, Beschreibung...

- 2. Schuljahr: Formulieren von Beiträgen zur „Wassermappe“

Auf Anregung ihrer Paten formulieren die Kinder des 2. Schuljahres Beiträge für die Mappe (z. B. Bilder mit Sätzen, Rätsel, Sachtexte zum Thema Wasser). Nach dem Fertigstellen der Mappe erhält die Patenklasse ein Exemplar.

- 2. und 4. Schuljahr: Weihnachten in anderen Ländern

In klassenübergreifenden Kleingruppen werden Auskünfte über die Weihnachtsbräuche verschiedener Länder eingeholt, ausgewertet und übersichtlich auf Schautafeln präsentiert. Dabei werden vor allem die Herkunftsländer der Kinder berücksichtigt.

- 4. Schuljahr: Erfinden von Sprachspielen (vgl. Kap. 3.1, S. 141 ff.)
- 2. Schuljahr: Wortspielereien

Die Kinder erfinden für die Patenklasse unterschiedliche Wortspiele, z. B.:

- ABC-Sammlung zu einem bestimmten Thema:
  z. B. Ferien-ABC: **A**utofahrt
  Blasebalg
  Creme
  ...
- Reimsätze ergänzen, z. B.: Ich gehe aus dem *Haus*
  und sehe eine *Maus*...
- Konkrete Poesie: In Umrisszeichnungen verschiedener Gegenstände tragen die Kinder passende Wörter ein, z. B.:

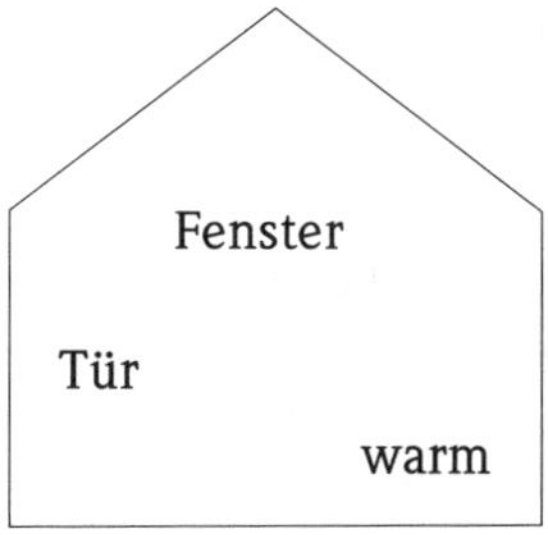

- 2. und 4. Schuljahr: Wenn ich einmal groß bin.

Die Kinder des 4. Schuljahres schreiben Zukunftsgeschichten (Beruf, Familie, Urlaub...).

Die Kinder des 2. Schuljahres malen ihre Wünsche und schreiben kurze Sätze dazu.

Weitere Ideen für das Patenklassenprojekt

- Geburtstage (Karten...)
- Ausflüge
- Schattenspiele (Einladung, Texte...)
- Schülerzeitung
- Briefwechsel über den Schulalltag
- Dankesschreiben
- Buchbeschreibungen und -vorstellungen
- Blick ins Jahr 2050 (Fantasiegeschichten)
- Bastelanleitungen für ein Klassenbuch gegen Langeweile (s. Kap. 1.1, S. 10)

4.2 Projekt: Eine Märchenreise

Märchenauswahl

Im Klassengespräch ermittelt die Lehrerin die Vorkenntnisse der Kinder und stellt z. B. eine Hitliste der Lieblingsmärchen zusammen. Dementsprechend trifft sie ihre Auswahl: Bei wenigen Vorkenntnissen eignen sich die klassischen Kinder- und Hausmärchen der Gebrüder Grimm, z. B. Hänsel und Gretel, Dornröschen, Schneewittchen, Rapunzel, Rotkäppchen...
Bei guten Vorkenntnissen kann die Lehrerin auch weniger bekannte Märchen in den Unterricht miteinbeziehen, wie z. B. Märchen aus 1001 Nacht, Märchen aus anderen Ländern, Kräutermärchen...
Die Schwierigkeit eines Märchens steigert sich mit der Länge der Erzählung und dem Wechsel der Schauplätze.

Wert des Märchens

Märchen können dem Kind bei der Persönlichkeitsentwicklung helfen. Sie zeigen dem Kind, dass Schwierigkeiten und Ungerechtigkeiten zum Leben dazu gehören, diese sich aber durch mutiges Gegenübertreten bewältigen lassen.
Die Darstellung strenger und oft grausamer Strafen soll den Sieg der Gerechtigkeit aufzeigen und das Böse aus der Welt verweisen. Dadurch, dass im Märchen immer das Gute siegt, hilft es den Kindern beim Bewältigen von Ängsten.
Das Märchen bietet für jedes Problem eine Lösung und ermutigt dadurch die Kinder, sich an Problemlösungen heranzuwagen.
Natürlich darf der unterhaltende Wert des Märchens nicht vergessen werden ebenso wie das Anregen der Vorstellungskraft.

Verschiedene Märchen

Schmökerstunden

Die Kinder lesen während der Schmökerstunden in mitgebrachten Märchenbüchern oder Textkopien, um sich einen ersten Eindruck zu verschaffen und einige Märchen kennenzulernen.

Herausarbeiten typischer Stilmerkmale von Märchen

- Märchen beginnen und enden meist gleich, z. B. Es war einmal... Und wenn sie nicht gestorben sind, dann leben sie noch heute.
- Im Märchen finden sich typische Zahlen und Symbole, z. B. **sieben** Zwerge, **drei** Prüfungen, **drei** Dinge...

- Die Märchen spielen an keinem bestimmten Ort und haben keinen geschichtlichen Hintergrund, z. B. hinter den sieben Bergen...
- Die Umgebung des Märchens und die Märchenfiguren werden kaum beschrieben, z. B. die Schönheit der Prinzessin nur mit ihrem goldenen Haar. Dadurch wird die Fantasie des Lesers oder Hörers angeregt.
- Die reale Welt und die Märchenwelt gehen ineinander über, z. B. Rotkäppchen besucht ihre Großmutter – der Wolf im Wald kann sprechen.
- Im Märchen gibt es viele Gegensätze, z. B. gut und böse, reich und arm...
- Der Charakter einer Person ändert sich im Laufe des Märchens nicht, sondern bleibt stets gleich, z. B.: Die böse Stiefmutter bleibt böse.
- Die bösen Charaktere des Märchens gehen gegen die guten vor. Diese können das Böse nur besiegen, wenn sie Hindernisse überwinden, z. B.: Die Königin kann ihr Kind retten, weil sie Rumpelstilzchens Namen weiß.

Thematische Morgenkreise und fächerübergreifendes Arbeiten

Thematische Morgenkreise begleiten den Projektverlauf, helfen spielerisch das Grundwissen auszuweiten und zu festigen.

Märchenstunde
- Die Lehrerin erzählt Märchen, da das Erzählen ausdrucksstärker und für die Kinder eindrucksvoller als Vorlesen ist.
- Anhören von Märchen auf Kassette oder CD

Bilderquiz
Im Sitzkreis liegen verschiedene Bilder, die die Kinder den entsprechenden Märchen zuordnen.

Märchen raten
Die Lehrerin liest Märchenanfänge vor, die Kinder nennen den entsprechenden Titel, z. B.:
Es war einmal eine alte Geiß, die hatte sieben junge Geißlein... → Der Wolf und die sieben Geißlein
Bei geringen Vorkenntnissen der Kinder liegen die Märchentitel auf Wortkarten in der Kreismitte bereit.

Märchenquiz
Die Kinder ordnen bekannte Verse den entsprechenden Märchen zu, z. B. „Spieglein, Spieglein an der Wand, wer ist die Schönste im ganzen Land..." (Schneewittchen).

Märchenleporello
Die Kinder malen auf die Seiten des Leporellos Märchenszenen und schreiben einen Satz dazu.

Märchenlieder

Die Kinder erlernen zu manchen Märchen ein Lied, z. B. Dornröschen, Hänsel und Gretel, Der Wolf und die sieben Geißlein. Im Anschluss dichten die Kinder eigene Märchenstrophen zu den bekannten Melodien.

Dornröschen war ein schönes Kind

Text: bei Johann Lewalter (1894).
Melodie: volkstümlich aus dem Odenwald

2. Dornröschen nimm dich ja in acht.
3. Da kam die böse Fee herein.
4. Dornröschen schlafe hundert Jahr!
5. Da wuchs die Hecke riesengroß.
6. Da kam der junge Königssohn.
7. Dornröschen wache wieder auf.
8. Da feierten sie das Hochzeitsfest.
9. Da jubelte das ganze Volk.

(Aus: Die schönsten Kinderlieder zum Singen und Musizieren. Nikol Verlagsgesellschaft GmbH. Hamburg 1996)

Märchengarn

Die Kinder sitzen im Morgenkreis. Ein Kind beginnt ein Märchen zu erzählen: Es war einmal... Dabei kann es sich um ein bekanntes oder ein erfundenes Märchen handeln. Es hört mit dem Erzählen an einer beliebigen Stelle auf, an der ein anderes Kind den Faden aufnimmt und das Märchen weiterspinnt. Dazu kann die Lehrerin einen wichtigen Gegenstand aus dem Märchen mitbringen, der von Erzähler zu Erzähler weitergereicht wird.

Variation: Ein Kind hat ein Wollknäuel in der Hand, das in bestimmten Abständen einen Knoten hat. Während es erzählt, wickelt es die Wolle vom Knäuel. Sobald es einen Knoten erreicht, gibt es das Knäuel an seinen Nachbarn weiter, der das Märchen fortsetzt.

Märchen in Kurzform

Mit Zeitungstiteln Märchen umschreiben
Die Kinder erfinden Zeitungsüberschriften zu ausgewählten Märchen.
Beispiel: Von der Linsensucherin zur Prinzessin (= Aschenputtel)

Inhaltsangaben zu Märchen
Die Kinder fertigen in knapper, klarer Sprache Kurzfassungen von Märchen an.
Beispiel: Die Mutter eines Kindes starb. Sie riet ihrem Mädchen, auf ihr Grab ein Bäumchen zu pflanzen. Wenn es dieses schüttelte und sich dabei etwas wünschte, sollte der Wunsch in Erfüllung gehen. Als der Vater wieder heiratete, machten seine neue Frau und deren zwei Töchter dem Mädchen das Leben schwer. Es musste den ganzen Tag für die neue Familie arbeiten. Sie nannten es fortan Aschenputtel, da es neben dem Herd in der Asche schlafen musste...

Märchen in drei Sätzen
Die Kinder fassen ein Märchen in drei bis fünf Sätzen zusammen.
Beispiel Rotkäppchen: Ein kleines Mädchen wird von seiner Mutter zur kranken Großmutter geschickt. Auf dem Weg vergisst es seine Aufträge und richtet dadurch Unheil an. Durch seine Neugier gelingt es dem Wolf, Rotkäppchen und die Großmutter zu verschlingen. Allerdings kann ein Jäger sie noch retten.

Märchen aus anderen Ländern

Die Kinder lesen Märchen aus anderen Ländern und erkennen, dass die Stilmerkmale von Märchen auch hier zutreffen.
Für einen Märchenvergleich bieten sich Grimms Märchen „Simeliberg" und das türkische Märchen „Die vierzig Räuber" an. „Beide Texte beruhen auf den Gegensätzen arm und reich, gut und böse und weisen übereinstimmende Figuren und Handlungsverläufe auf. Sogar ähnliche Requisiten werden verwendet. Entscheidend scheint ... aber das gleiche Erzählmotiv zu sein: Die Strafe für Unmäßigkeit." (Kieffer 1991, 118 ff)

Film und Original im Vergleich

Die Kinder vergleichen eine Märchenverfilmung mit dem schriftlichen Originalmärchen und arbeiten Verfremdungen heraus. Dabei lesen die Kinder zuerst das Märchen und sehen sich dann den Film an.
Mögliche Vergleichsaufträge:

- Ist die Handlung im Film gleich geblieben?
- Gibt es Szenen, die im Märchentext nicht vorkommen?
- Treten alle Märchenfiguren im Film auf?
- Hast du dir die Figuren und die Umgebung so vorgestellt?
- Achte auf die Dialoge. Erkennst du die Texte wieder?

Wir schreiben Märchen zu Ende

Märchenschluss erfinden

Die Kinder oder die Lehrerin lesen Märchen vor oder erzählen sie und lassen dabei den Schluss weg. Nun erfinden die Kinder in Partnerarbeit ein eigenes Ende, das sie später mit dem Original vergleichen.
Einfachere Variante: Der Schluss ist als Bild vorgegeben, zu dem die Kinder schreiben.
Beispiel zum Märchen „Der Wolf und die sieben jungen Geißlein“:

Märchen weiterschreiben

Die Kinder oder die Lehrerin lesen den Anfang eines Märchens vor, danach schreiben die Kinder in Einzel- oder Partnerarbeit das Märchen zu Ende, das sie später mit dem Original vergleichen. Dabei können sie Reizwörter, Textvorschläge oder Bilder zu Hilfe nehmen.

Beispiel: „Sterntaler"
Es war einmal ein kleines Mädchen, dem war Vater und Mutter gestorben, und es war so arm, dass es kein Kämmerchen mehr hatte, darin zu wohnen, und kein Bettchen mehr, darin zu schlafen, und endlich gar nichts mehr als die Kleider auf dem Leib und ein Stückchen Brot in der Hand, das ihm ein mitleidiges Herz geschenkt hatte. Es war aber gut und fromm. Und weil es so von aller Welt verlassen war, ging es im Vertrauen auf den lieben Gott hinaus ins Feld. Da begegnete ihm ein armer Mann, der sprach: „Ach, gib mir etwas zu essen, ich bin so hungrig." Es reichte ihm das ganze Stückchen Brot und sagte „Gott segne dir's", und ging weiter. Da kam ein Kind, das jammerte und sprach: „Es friert mich so an meinem Kopfe, schenk mir etwas, womit ich ihn bedecken kann." Da tat es seine Mütze ab und gab sie ihm. Und als es noch eine Weile gegangen war, kam wieder ein Kind und hatte kein Leibchen an und fror: da gab es ihm seins; und noch weiter, da bat eins um ein Röcklein, das gab es auch von sich hin. Endlich gelangte es in einen Wald, und es war schon dunkel geworden; da kam noch eins und bat um ein Hemdlein, und das fromme Mädchen dachte: Es ist dunkle Nacht, da sieht dich niemand, du kannst wohl dein Hemd weggeben, und zog das Hemd ab und gab es auch noch hin. Und wie es so stand und gar nichts mehr hatte, fielen auf einmal die Sterne vom Himmel und waren lauter harte blanke Taler: und ob es gleich sein Hemdlein weggeben, so hatte es ein neues an, und das war vom allerfeinsten Linnen. Da sammelte es sich die Taler hinein und war reich für sein Lebtag.

(Gebrüder Grimm, Grimms Märchen. Eine Auslese. Albatros-Verlag. Ljubljana 1989)

Reizwörter:
Mütze – Leibchen – Röcklein – Hemdlein – Sterne fallen vom Himmel – Goldtaler – reich und glücklich
So könnte die Geschichte weitergehen:
Variante 1:
- Das Mädchen verschenkt alle Kleidungsstücke an arme Leute, die es darum bitten.
- Plötzlich fallen Goldtaler vom Himmel.

Variante 2:
- Das Mädchen schenkt seine Mütze her.
- Ein Hase bittet um das Leibchen. Als sie es hergibt, verwandelt er sich in einen Prinz und es regnet Goldtaler auf sie herab.

Variante 3:
- Das Mädchen schenkt alle Kleidungsstücke an arme Leute, die es darum bitten.
- Plötzlich fallen Goldtaler vom Himmel, für jeden Taler hat das Mädchen einen Wunsch frei.

Wir schreiben ein eigenes Märchen

Märchen weiterschreiben

Ein Märchen wird von der Lehrerin bis zu einer Schlüsselstelle vorgelesen. Die Kinder schreiben mit individuellen Hilfen das Märchen zu Ende.
Beispiel: Sterntaler
Es war einmal ein kleines Mädchen, dem war Vater und Mutter gestorben, und es war so arm, dass es kein Kämmerchen mehr hatte, darin zu wohnen, und kein Bettchen mehr, darin zu schlafen, und endlich gar nichts mehr als die Kleider auf dem Leib und ein Stückchen Brot in der Hand, das ihm ein mitleidiges Herz geschenkt hatte. Es war aber gut und fromm. Und weil es so von aller Welt verlassen war, ging es im Vertrauen auf den lieben Gott hinaus ins Feld. Da begegnete ihm ein armer Mann, der sprach: „Ach, gibt mir etwas zu essen, ich bin so hungrig." Es reichte ihm das ganze Stückchen Brot und sagte: „Gott segne dir's", und ging weiter. Da kam ein Kind, das jammerte und sprach: „Es friert mich so an meinem Kopfe,..."
Mögliche Hilfen:
- Die Kinder erhalten vorgegebene Kernsätze, die sie in ihr Märchen einfügen.

Beispiel:
- Da tat es seine Mütze ab und gab sie ihm.
- Da gab es ihm sein Leibchen.
- Da bat eins um ein Röcklein.
- Sie zog das Hemd ab und gab es auch noch hin.
- Und wie es so stand und gar nichts mehr hatte, fielen auf einmal die Sterne vom Himmel.
- Die Sterne waren blanke Taler.

- Die Kinder bilden aus Stichpunkten Sätze und schreiben damit das Märchen zu Ende.

Beispiel:
- Mütze abnehmen und hergeben
- Kleider an frierende Kinder abgeben
- dunkle Nacht, Sterne fallen vom Himmel
- Sterne aufsammeln
- reich sein

Reizwortmärchen

Die Kinder erhalten Reizwörter und erfinden dazu ein eigenes Märchen. Beispiel: Prinz – Drache bewacht Königstochter – drei Aufgaben lösen – Hochzeit

Märchencomics

Die Lehrerin liest ein Märchen vor. Im Anschluss zeichnen die Kinder die wichtigsten Szenen des Märchens als Comic und füllen die Sprechblasen mit wichtigen Dialogen und Versen.
Eventuell ergänzen sie ihre Comicbilder mit kurzen Sätzen, um das Verständnis des gezeichneten Märchens zu erleichtern.

Freies Schreiben von Märchen

Die Kinder erfinden eigene Märchen ohne Vorgabe von Figuren und Handlung. Dabei achten sie auf die besprochenen Stilmerkmale des Märchens.

Klassenmärchenbuch

Zuletzt stellen die Kinder die entstandenen Märchen zu einem Klassenmärchenbuch zusammen, illustrieren es und verzieren es mit Schmuckrahmen.

Wir erleben Märchen einmal ganz anders

Vergleichen verschiedener Märchenfassungen

- Die Lehrerin liest mit den Kindern dasselbe Märchen von verschiedenen Autoren, z. B. „Der Froschkönig“ von Janosch (in: Janosch: Das tapfere Schneiderlein/Der Froschkönig, Tandem Verlag, Königswinter o.J.) und „Der Froschkönig oder der eiserne Heinrich“ von den Gebrüdern Grimm (in: Gebrüder Grimm: Grimms Märchen, Eine Auslese, Albatros-Verlag, Ljubljana 1989).

Betrachtungsschwerpunkte:
- Ist die Handlung in beiden Märchen gleich?
- Sind die Figuren und die Umgebung gleich geblieben?
- Achte auf die Sprache in beiden Märchen.

Märchenmix

Die Kinder entwerfen ein neues Märchen durch Verquicken zweier oder mehrerer bekannter Märchen. Die Leser lösen das Rätsel, indem sie die Märchenteile in verschiedenen Farben unterstreichen.

Beispiel:

Name: ____________________	Datum: __________	KV 51

Märchenmix

In alten Zeiten, wo das Wünschen noch geholfen hat, lebte ein König, dessen Töchter waren alle schön; aber die jüngste war so schön, dass die Sonne selber, die doch so vieles gesehen hat, sich verwunderte, sooft sie ihr ins Gesicht schien.

Nahe bei dem Schlosse des Königs lag ein großer dunkler Wald, und in diesem Wald unter einer Linde war ein Brunnen; wenn nun der Tag recht heiß war, so ging das Königskind hinaus in den Wald und setzte sich an den Rand des kühlen Brunnens – und wenn es Langeweile hatte, so nahm es eine goldene Kugel, warf sie in die Höhe und fing sie wieder; und das war sein liebstes Spielwerk.

Aber manchmal saß es an einem Brunnen und musste spinnen, bis die Hände bluteten. Nun trug es sich einmal zu, dass die Spule ganz blutig war, da bückte es sich damit in den Brunnen und wollte sie abwaschen, sie sprang ihm aber aus der Hand und fiel hinab. Es weinte und lief zur Stiefmutter und erzählte ihr das Unglück. Sie schalt es aber so heftig und war so unbarmherzig, dass sie sprach: „Hast du die Spule hinabfallen lassen, so hole sie auch wieder herauf."

Da ging das Mädchen im Vertrauen auf Gott hinaus ins Feld. Da begegnete ihm ein Mann, der sprach: „Ach gib mir etwas zu essen, ich bin so hungig." Es reichte ihm sein ganzes Stückchen Brot und sagte: „Gott segne dir's," und ging weiter. Da kam ein Kind, das jammerte und sprach: „Es friert mich so am Kopfe, schenk mir etwas, womit ich ihn bedecken kann!" Da tat es seine Mütze ab und gab sie ihm. Und als es noch eine Weile gegangen war, begegnete ihm der Wolf. Es wusste aber nicht, was das für ein böses Tier war und fürchtete sich nicht vor ihm. „Guten Tag," sprach der Wolf, „wo hinaus so früh?" „Zur Großmutter." „Was trägst du unter der Schürze?" „Kuchen und Wein."

Als nun niemand mehr da war, ging es zu seiner Mutter Grab unter dem Haselbaum und rief: „Bäumchen, rüttel dich und schüttel dich, wirf Gold und Silber über mich." Da warf ihm das Vöglein ein golden und silbern Kleid herunter und mit Seide und Silber bestickte Pantoffeln. In aller Eile zog es das Kleid an und ging zum Ball. Seine Schwestern aber kannten es nicht und meinten, es müsse eine fremde Königstochter sein, so schön sah es in dem goldenen Kleide aus. Der Königssohn tanzte mit ihr und bald war Hochzeit.

Über ein Jahr brachte sie ein schönes Kind zur Welt. Da trat plötzlich ein Männchen in ihre Kammer und sprach: „Nun gib mir, was du versprochen hast." Die Königin erschrak und bot dem Männchen alle Reichtümer des Königsreiches an, wenn es ihr das Kind lassen wollte. Aber das Männlein sprach: „Nein, etwas Lebendes ist mir lieber als alle Schätze der Welt." Da fing die Königstochter an, zu jammern und zu weinen, dass das Männlein Mitleid mit ihr hatte: „Drei Tage will ich dir Zeit lassen," sprach es, „wenn du bis dahin meinen Namen weißt, so sollst du dein Kind behalten."

Im Wald sprang das Männlein über sein Feuerlein und rief: „Heute back ich, morgen brau ich, übermorgen hol ich der Königin ihr Kind, ach wie gut, dass niemand weiß, dass ich … heiß!" Die Königsboten belauschten das Männlein und sagten den Namen der Königin, und als das Männlein zum Schloss kam, um das Königskind zu holen, da fragte es: „Nun, Frau Königin, wie heiße ich?" „Heißt du etwa Kunz, heißt du etwa Heinz, heißt du etwa … ?"

Da packte es in seiner Wut den linken Fuß mit beiden Händen und riss sich selbst mitten entzwei. Die Königin aber war glücklich mit ihrem Kind. Und wenn sie nicht gestorben sind, dann leben sie noch heute.

Lösung: Zeile 1–8: Froschkönig
Zeile 9–14: Frau Holle
Zeile 15–19: Sterntaler
Zeile 20–23: Rotkäppchen
Zeile 24–30: Aschenputtel
Zeile 31–47: Rumpelstilzchen

Märchenfiguren treffen sich

Die Märchenfiguren eines Märchens treffen auf Figuren eines anderen Märchens, z. B. die sieben Zwerge treffen die sieben Geißlein. Die Kinder schreiben die Erlebnisse der Figuren auf.

Märchenfiguren erzählen aus ihrem Leben

Die Kinder schlüpfen in die Rolle einer Märchenfigur und erleben neue Situationen.
Beispiele:

- Welche Wünsche erfüllt sich das Sterntalermädchen nach dem Talerregen?
- Was erleben die Bremer Stadtmusikanten in ihrem Haus?
- Was erlebt Aschenputtel nach der Hochzeit?
- Was machen die Zwerge nach Schneewittchens Hochzeit?

Briefe von Märchenfiguren

Die Kinder schlüpfen in die Rolle einer Märchenfigur und schreiben Briefe.
Beispiel:

- Rotkäppchen schreibt an ihre Mutter
- Aschenputtel schreibt an ihren Vater
- Die sieben Zwerge schreiben an den Prinzen

Wechsel der Erzählperspektive

Die Kinder erzählen das Märchen aus einer anderen Sicht, z. B. Rotkäppchen aus der Sicht des Wolfs:
Eines Morgens wachte ich auf und beschloss in den Wald zu gehen, weil mir der Magen knurrte und ich großen Hunger hatte. Als ich ein Stück weit gegangen war, sah ich plötzlich ein wunderschönes Mädchen...
Oder:
Es war einmal ein Wolf, der beschloss in den Wald zu gehen. Da traf er auf ein kleines Mädchen mit einem roten Käppchen...

Märchen in die heutige Zeit umschreiben

Auf der Grundlage des ursprünglichen Märchens übertragen die Kinder die Handlung in die heutige Zeit.
Anregungen für die Lehrerin zum Märchen „Schneewittchen“:
Schneewittchen wohnt bei den sieben Zwergen, kann nicht kochen, trainiert am Hometrainer, spielt am Computer,... Die sieben Zwerge arbeiten in der Fabrik. Sie sind genervt von ihrem ungebetenen Gast und suchen übers Internet einen Prinzen für Schneewittchen. Die Königin verkauft per Internet und Katalog Gegenstände an Schneewittchen, die es beinahe umbringen. In letzter Minute rettet ein Prinz Schneewittchen und nimmt sie mit auf seine Luxusyacht.

Interview mit einer Märchenfigur

Partnerarbeit: Die Kinder schlüpfen in die Rolle von einem Reporter und einer Märchenfigur und arbeiten ein Interview aus. Nach dem Sammeln von ersten Ideen spielen sie das Interview durch und schreiben es auf.
Beispiele für Interviewfragen:
- Hast du dabei Angst gehabt?
- Waren die Prüfungen schwierig für dich?
- Was wirst du in der Zukunft machen?
- Was hast du gefühlt bei...?

Märchenatelier

Die Kinder zeichnen eigene Märchen. Ein anderes Kind aus der Klasse schreibt seine Märchenideen dazu auf.

Wir stellen ein Märchen szenisch dar

Spontanes Spiel

Die Lehrerin erzählt den Kindern ein Märchen. Anschließend spielt die Klasse das Märchen ohne Requisiten nach. Dabei kann sich jedes Kind seiner momentanen Empfindung entsprechend im Spiel integrieren, d. h. sowohl in die Rolle eines Steines oder Baumes als auch in der Rolle einer Hauptfigur schlüpfen. Zunächst begleitet die Lehrerin das Spiel durch die erneute Erzählung des Märchens, später spielen die Kinder ohne Unterstützung.
Dazu sitzen die Kinder im Halbkreis vor der Tafel, damit genügend Spielfläche vorhanden ist und jedes Kind sich beliebig einbringen, zurückziehen und zuschauen kann.

Szenisches Spiel

Die Kinder stellen ein Märchen als Schattenspiel, Overheadspiel oder szenisch bei einer Aufführung dar.

Schritte bis zur Aufführung eines Märchens:

Auswahl des Märchens
Sinnvolle Kriterien für die Auswahl des Märchens sind die Vorlieben der Kinder und bereits bekannte Gestaltungselemente wie z. B. Lieder.

Herstellen der Figuren, Kostüme und Hintergrundbilder

Schattenspiel:
Die Figuren werden auf Pappe aufgezeichnet, ausgeschnitten und an einem Stab befestigt. Bewegliche Spielfiguren entstehen durch Musterklammern, farbige Spielfiguren durch Transparentpapier innerhalb des Pappumrisses. Der Hintergrund wird szenenweise auf Folien aufgemalt und mit einem Overheadprojektor auf die Schattenspielleinwand projiziert.

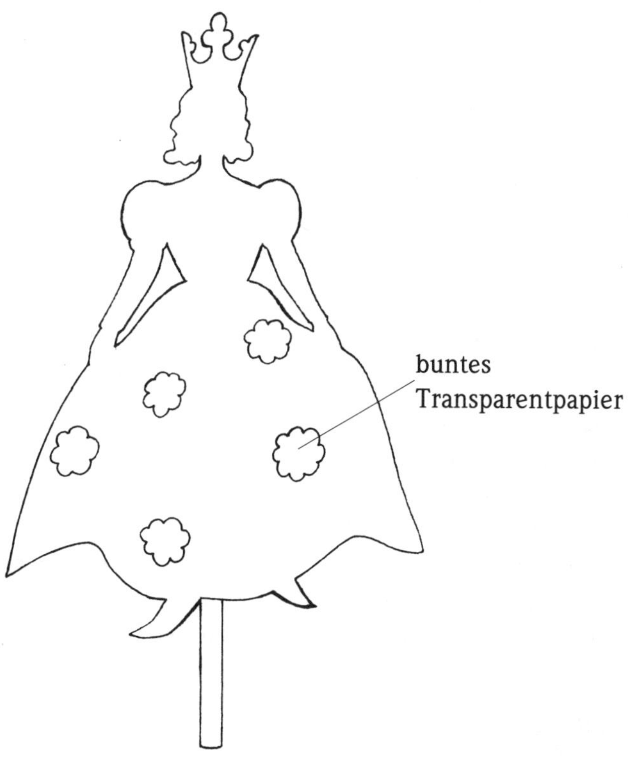

Overheadspiel:
Für das Spiel sind zwei Overheadprojektoren nötig, die die Spielfläche beleuchten. Auf einem Gerät legen die Kinder die verschiedenen, selbst gemalten Hintergrundfolien auf, auf dem zweiten Gerät spielen die Kinder mit den Stabfiguren. Diese sind auf Pappe aufgezeichnet, ausgeschnitten und an einem Schaschlikspieß befestigt.

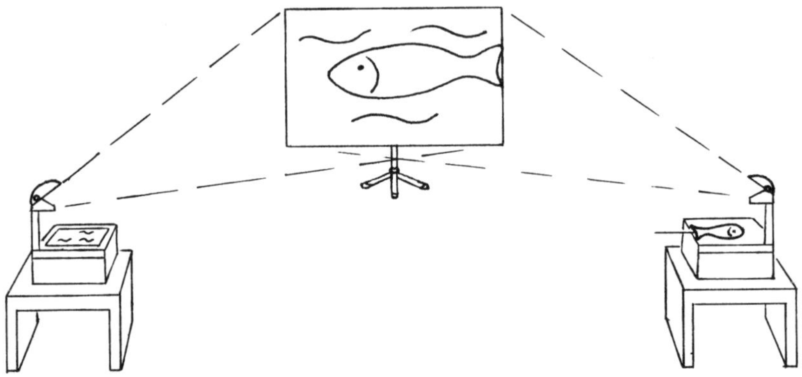

Szenisches Spiel:
Die Kinder verkleiden sich mit mitgebrachten Utensilien. Die Tafel wird zur Bühnenrückwand. Sie kann direkt bemalt werden oder die gemalten Bühnenbilder werden daran befestigt. Auch selbst hergestellte Kulissen sind möglich (z. B. Karton als Haus).

Gestalten der Dialoge
Die Kinder schreiben die Dialoge selbst. Dabei können sie die Dialoge aus den Märchen übernehmen, diese verändern, erweitern oder völlig frei erfinden. Bereits fertig formulierte Dialoge zu Märchen sind im Buchhandel erhältlich.

Musikalische Gestaltung
Ein kleiner Chor sing die zum Märchen passenden Lieder, z. B. „Dornröschen war ein schönes Kind“, „Hänsel und Gretel“, „Die Bremer Stadtmusikanten“, „Der Wolf und die sieben Geißlein“. Ein kleines Orchester begleitet mit Orffinstrumenten die Lieder, untermalt wichtige Textstellen und erzeugt Stimmungen im Märchen (z. B. Trommelwirbel kündigt Gefahr an). Eine Tanzgruppe kann an passenden Stellen einen selbst erfundenen Tanz aufführen.

Proben
Aufführung
evtl. Verfilmung

Märchenfest

Raum- und Festgestaltung

Die Kinder schmücken die Räume mit selbst gemalten Plakaten von Märchenszenen. Die Kinder schreiben und gestalten

- Einladungen für Eltern und Mitschüler
- Plakate für einzelne Märchenspielstationen
- Stationenkarten (siehe Festablauf)
- und Teilnehmerurkunden.

In der Leseecke ist eine Ausstellung mit Märchenbüchern, selbst geschriebenen Märchen und weiteren passenden Beiträgen (Bilder, Figuren, Leporellos) aufgebaut.

Verkleiden

Gemeinsam besprechen die Kinder, als welche Märchenfigur sie auftreten möchten. So wird eine Vielfalt von unterschiedlichen Märchenfiguren gesichert.

Mögliche Figuren: Rotkäppchen, Hexe, Jäger, Prinzessin, diverse Märchen-Tiere...

Festablauf

1. Märchenmodenschau:

Ein Teil des Klassenzimmers ist als Bühne abgeteilt. Ein Kind nach dem anderen betritt die Bühne, flaniert und spricht einen markanten Satz aus seinem Märchen. Im Anschluss raten die Gäste Märchen und Märchenfigur.

Beispiel:„Was rumpelt und pumpelt in meinem Bauch herum?" (Der Wolf und die sieben Geißlein)

2. Märchenstationen:

Danach sammeln die Gäste an verschiedenen Stationen Punkte und erwerben eine Märchenfesturkunde. Dazu erhalten sie eine Karte, die nach erfüllter Aufgabe an der betreffenden Station abgestempelt wird.

- Zitate fischen

Auf der Unterseite von Plastikenten oder ähnlichen Figuren sind Zitate aus Märchen angebracht. Der Teilnehmer „angelt" sich eine Figur, ordnet das Zitat einem Märchen zu und erhält für jede richtige Lösung einen Stempel.

Beispiel: „Ruckedigu, ruckedigu, Blut ist im Schuh!" (Aschenputtel)

- Märchenbilder raten

Der Spieler ordnet Kärtchen mit Märchentiteln den von Kindern gemalten Märchenbildern zu. Bei drei richtigen Antworten erhält der Spieler den Stationsstempel.

- Märchenrequisiten zuordnen

In der Spielmitte liegen verschiedene Requisiten aus vier Märchen bereit. Die Besucher legen die Requisiten vor die Plakate mit den passenden Märchenüberschriften. Bei mindestens der Hälfte richtiger Zuordnungen wird die Stationskarte abgestempelt.

Märchenbeispiele:	Requisiten:
Aschenputtel	Schicker Damenschuh
	Linsen
	Taube
	Bäumchen
Rotkäppchen	Rote Kappe
	Korb
	Blumenstrauß
	Schere
Schneewittchen	Spiegel
	Apfel
	Kamm
	Zwerg
Tischlein deck dich	Tischtuch
	Knüppel
	Goldtaler
	Sack

- Märchenparcours

Der Spieler soll mit verbundenen Augen vier Aufgaben bewältigen. Bei drei gelösten Aufgaben erhält er seinen Stempel.

Aufgabe 1: Als gestiefelter Kater zieht sich der Spieler zu große Gummistiefel an. Mit diesen setzt er seinen Weg fort.

Aufgabe 2: Wie im Märchen „Tischlein, deck dich!“ soll der Spieler einen Tisch mit Plastikgeschirr decken.

Aufgabe 3: Als Froschkönig holt der Spieler die Goldkugel aus dem Brunnen. Der Brunnen kann ein Eimer mit Wasser oder ein Karton mit Füllmaterial sein und die Goldkugel ein golden bemalter Stein sein.

Aufgabe 4: Als Rotkäppchen sammelt der Spieler in einem begrenzten Bereich Papier- oder Plastikblumen.

- Märchen raten

Immer drei Spieler treten gegeneinander an. Jeder Teilnehmer bekommt ein Märchen zugeteilt, z. B. Schneewittchen, Dornröschen, Aschenputtel... Der Spielleiter liest ein Märchen vor, in dem die Sätze aus den drei genannten Märchen vermischt vorkommen. Immer wenn ein Spieler einen Satz aus sei-

nem Märchen erkennt, macht er ein akustisches Signal, z. B. Triangel, Klangstäbe, Klingel... Bei drei richtigen Signalen erhält der Spieler den Stationsstempel.
Beispiel:
„Es waren einmal ein König und eine Königin, die sprachen...: Ach wenn wir doch ein Kind hätten ... (Dornröschen) ... Bald darauf bekamen sie ein Töchterlein, dessen Haut so weiß wie Schnee war ... und die Haare schwarz wie Ebenholz ... (Schneewittchen) ... Als die Frau ... fühlte, dass sie sterben musste, rief sie ihre Tochter und sagte: ...Pflanz ein Bäumlein auf mein Grab, und wenn du dir etwas wünscht, dann schüttle dran, und du wirst es bekommen... (Aschenputtel) ...Nach einem Jahr nahm sich der Mann eine andere Frau, die stolz, eitel und böse war. Die beiden Stiefschwestern nahmen dem Mädchen die schönen Kleider weg... (Aschenputtel) ...Der König ... ließ den Befehl ausgehen, dass alle Spindeln im ganzen Königreiche verbrannt werden sollten... (Dornröschen) ...Die Stiefmutter trat jeden Morgen vor ihren Zauberspiegel und fragte: Spieglein, Spieglein an der Wand, wer ist die Schönste im ganzen Land?... (Schneewittchen) ...Es geschah, dass an dem Tage, wo das Mädchen gerade fünfzehn Jahr alt ward, ... es ganz allein im Schloss zurückblieb. Da ging es allerorten herum, ... und kam endlich auch an einen alten Turm. Es stieg die enge Wendeltreppe hinauf ... In einem kleinen Stübchen saß eine alte Frau mit einer Spindel... (Dornröschen) ... Das Mädchen durfte abends in kein Bett, sondern musste sich neben den Herd in die Asche legen ... (Aschenputtel) ... Die Königin befahl einem Jäger, das Kind in den Wald zu bringen und es zu töten ... (Schneewittchen) ... Da kamen seine Freunde, viele zahme Tauben und Vögel, herbeigeflogen ... (Aschenputtel) ... In dem Augenblick aber, wo sie den Stich empfand, fiel sie ... nieder ... und lag in einem tiefen Schlaf ... (Dornröschen) ... Da merkten sie gleich, dass jemand im Haus gewesen war. Einer rief: Wer hat von meinem Tellerchen gegessen? ... (Schneewittchen) ... Da ging das Mädchen hinaus ... und sprach: Bäumchen, rüttel dich und schüttel dich, wirf Gold und Silber über mich! ... (Aschenputtel) ... Lange dachte die Königin nach und stellte schließlich einen giftigen Kamm her... (Schneewittchen) ... Als der Königssohn sich der Hecke näherte, waren es lauter große schöne Blumen, die taten sich von selbst auseinander und ließen ihn unbeschädigt hindurch ... (Dornröschen) ... Damit ihm die schöne Tänzerin nicht auch ein drittes Mal entkam, ließ der Königssohn die Treppe mit Pech bestreichen... (Aschenputtel) ... Und wenn sie nicht gestorben sind, so leben sie noch heute.

- Figuren würfeln

Vorbereitung: Die Kinder zerschneiden gemalte Märchenfigurenbilder in vier Teile und schreiben auf jedes Teil eine Ziffer von Zwei bis Fünf.
Bis zu vier Spieler würfeln reihum. Regeln für das Würfeln:

⚀ Einmal aussetzen

⚁ ⚂ ⚃ ⚄ Entsprechendes Puzzleteil nehmen

⚅ Richtung beim Würfeln wechseln

Für eine gewürfelte Zwei gibt der Stationsleiter dem Spieler das Puzzleteil Nr. 2 einer Märchenfigur.
Wenn der Spieler die Figur nach dem Zusammensetzen erraten kann, erhält er den Stationenstempel.

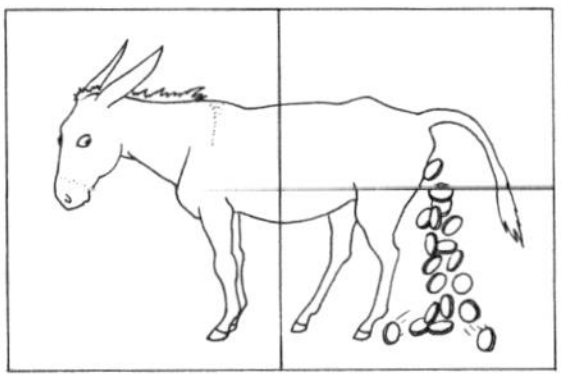

Weitere Anregungen

- Szenische Darstellung eines Märchens als Höhepunkt.
- An einem Verkaufsstand können die Besucher ein von den Kindern hergestelltes Märchenbuch kaufen.
- Einige Kinder als Reporter halten das Märchenfest in Wort und Bild fest. Sie interviewen die Gäste, machen Fotos und stichpunktartige Notizen. Daraus erstellen die Kinder später gemeinsam eine Dokumentation oder Klassenzeitung über das Märchenfest.

4.3 Weitere Projektideen

- Fabeln analog zu den Märchen bearbeiten.
- Herstellen eines selbst entworfenen Buches zu einer Klassenlektüre.
- Gestalten des Pausenhofes mit Spielmöglichkeiten. Die Spielregeln und Spielanleitungen werden öffentlich ausgestellt.
- Wir stellen ein eigenes Buch her, zu einem selbst gewählten oder vorgegebenen Thema, z. B. Urwald oder Wald (Geschichten schreiben, sammeln, zusammenstellen, drucken, binden, verkaufen).
- Projekt zu einem Sachthema, z. B. „Rund um den Bäcker“
- Deutsch: Berichte, Referate, Betrachten von Redewendungen...
- Mathematik: Schätzen, Wiegen, Rechnen mit Größen ...
- Sachunterricht: Getreide, früher und heute, Handwerk ...
- Religion: Unser tägliches Brot ...

5. Schreibkonferenzen

Zum Begriff

Bei einer Schreibkonferenz wird ein „selbst verfasster Text einer kleinen kritischen Öffentlichkeit zur Diskussion (gestellt), um aus den Reaktionen der Teilnehmer Hinweise für eine eventuelle Überarbeitung des Textes zu erhalten." (Spitta 1992, S. 13)
„Schreibkonferenzen sind unter professionellen Schreibern ein ganz selbstverständliches Verfahren, um die Qualität der eigenen Texte – durch Vortragen und Diskussion – zu überprüfen und gegebenenfalls zu verbessern." (Spitta 1989, S. 5)
Dieses Prinzip lässt sich auch auf den Schulalltag übertragen. Bei Spitta setzen sich das Autorenkind und weitere Kinder im Klassenraum oder Gang zu einer Schreibkonferenz zusammen. Der Autor liest seinen Text den anderen Kindern vor, diese „geben fachkundige Anregungen zur Überarbeitung des Textes" (ebd.). Danach überarbeitet der Autor seinen Text.
Beim Freien Schreiben (vgl. Kap. 3) bestimmen die Kinder den Zeitpunkt, das Thema und den Inhalt ihres Schreibens selbst. Die Lehrerin hilft lediglich bei Schwierigkeiten. Freies Schreiben und anschließende Schreibkonferenzen streben über spontanes Schreiben hinaus das „bewusste Verfassen von Texten" (Spitta 1992, S. 6) an.

Einführung der Schreibkonferenz

Zur Erklärung des Begriffs „Schreibkonferenz" zeigt Spitta eine Folie mit einer überarbeiteten Manuskriptseite von Peter Härtling. (s. S. 224, aus: Peter Härtling für Kinder Sonderheft, 1989 Beltz Verlag, Weinheim und Basel, Programm Beltz & Gelberg, Weinheim)
In der Regel reagieren die Kinder zunächst ungläubig darauf, dass sogar Autoren ihre Entwürfe mehrmals überarbeiten und nicht bereits von Anfang an ein perfekter Text vorliegt. Sie erkennen, dass das Überarbeiten eines Textes ein notwendiger Schritt beim Schreiben ist. Vielleicht fällt es ihnen nun leichter, einfach drauflos zu schreiben, – ohne den Druck, von Anfang an einen guten Text vorlegen zu müssen.

Gründe. Vielleicht ist er wirklich von der
Rolle, hat irgendwas. Daß mit seinem Job was
nicht stimmt, kann ja auch sein."
Das schlägt wie ein Blitz bei Fränze ein.
"Ja!", ruft sie, geht in die Hocke, geht in
sich, reckt sich, wirft den Ranzen über
die Schulter. "Das ist es", sagt sie. Holger
weiß überhaupt nicht mehr, woran er ist.
"Was?" fragt er. "Danke", sagt sie. Wenn
Johannes nicht mit uns redet, müssen wir
mit ihm reden.
[illegible] ruft er ihr nach.
"Soll ich vorbeikommen, heute nachmittag?"
"Ja", erwidert sie, "du kannst mich begleiten."
"Wohin denn?"
Sie hält an, dreht sich zu ihm um: "Weißt
du, wie man zur Weißenaustraße kommt?"
"Ich glaub, mit dem Alex Bus. Das ist
ziemlich in der Pampa. Was willst du
denn da?"
"Da ist dem Johannes seine Firma. Tschau."
"Ich hol dich ab, Fränze."
Auf dem Nachhauseweg wird sie immer lang-
samer, gerät ins Grübeln, fragt sich, ob
sie nicht voreilig gedacht hat. Es muß
ja nicht unbedingt um seine Arbeit gehen.
Bloß was könnte Johannes sonst so ver-
ändern? Nie hat er ein Wort verloren über
die Schwierigkeiten in seiner Firma. An
der hing er sehr. Die hatte er ein paar
Wochen nach ihrer Geburt mit Freunden
gegründet. Die waren Techniker, und er
mußte dafür sorgen, daß die Buchhaltung
stimmte. Manchmal sagte er: Ich bin
nicht das größte Licht bei uns, aber
ein nötiges Flämmchen. Auf einmal sollte
das Flämmchen nicht mehr nötig sein?
Gut, daß Holger sie begleiten wird. Frenze

Ablauf einer Schreibkonferenz

Freies Schreiben und Schreibkonferenzen erfolgen am besten im Rahmen des Wochenplans oder der Freiarbeit.

1. Schritt: Schreiben des Textes

Ein oder höchstens zwei Kinder entscheiden sich frei für ein beliebiges Thema und eine beliebige Textsorte und schreiben dazu. Dabei lassen sie jede zweite Zeile frei, was später eine übersichtlichere Korrektur ermöglicht. Die Kinder können ihre Geschichten zu Papier bringen oder direkt in den Computer eingeben und ausdrucken.

2. Schritt: Vorlesen – Erste Reaktion auf den Inhalt

Das Autorenkind sucht sich bis zu drei Mitarbeiter für seine Schreibkonferenz und liest ihnen seinen Text vor. Die Zuhörer sollen sich zunächst ausschließlich zum Inhalt äußern, vertiefende Fragen zum Verständnis des Textes stellen und inhaltliche Verbesserungsvorschläge machen.

3. Schritt: Satzweises Durchgehen des Textes unter sprachlichen Aspekten

Die Kinder gehen den Text gemeinsam satzweise durch und wenden bekannte Aufsatzregeln an wie z. B. das Verwenden unterschiedlicher Satzanfänge und verbessern den Text.

4. Schritt: Satzweise Rechtschreibkontrolle

Beim satzweisen, rechtschriftlichen Verbessern wird das Wörterbuch benutzt.

5. Schritt: Endredaktion durch die Lehrerin

Die Lehrerin erhält den überarbeiteten Entwurf zur Endkorrektur. Sie gibt dem Kind die Endfassung in einem kurzen erklärenden Einzelgespräch zurück. Danach schreibt das Kind den Text auf ein Schmuckpapier oder ein verziertes Blatt.

6. Schritt: Veröffentlichungsrunde

Einmal in der Woche findet eine Veröffentlichungsrunde statt, bei der die jeweiligen Autoren ihre überarbeiteten Texte dieser Woche im Sitzkreis vorlesen. Der Autor sitzt dabei auf einem besonderen Stuhl. Die Klasse würdigt den Text entsprechend, hebt gelungene Passagen hervor und gibt ggf. weitere Anregungen zum Verbessern.

Kopiervorlage 52: Ablauf einer Schreibkonferenz

KV 52

Schreibkonferenz

1. Suche dir zwei bis drei Mitarbeiter für deine Schreibkonferenz. Sucht euch einen Platz, an dem ihr ungestört arbeiten könnt.
2. Lies deinen Text deinen Mitarbeitern vor. Besprecht Fragen zum Inhalt und verbessert sie.
3. Geht nun den Text Satz für Satz durch. Achtet auf den Satzbau und die Aufsatzregeln, die wir bisher gelernt haben.
4. Sucht Rechtschreibfehler und berichtigt sie mit dem Wörterbuch.
5. Gebt den Text zur Endkorrektur an die Lehrerin weiter.

Tipps zum Überarbeiten, sofern der Text nicht am PC geschrieben wurde:
- Sind nur Kleinigkeiten auszubessern, wie z. B. Rechtschreibfehler, streicht das Kind den Fehler mit dem Lineal durch und schreibt das richtige Wort darüber.
- Bei längeren Einschüben wird die entsprechende Stelle mit einer Nummer versehen und auf einem Extrablatt oder der Rückseite neu formuliert.
- Die erarbeiteten Aufsatzregeln hängen entweder im Klassenzimmer aus oder jedes Kind hat eine entsprechende ins Aufsatzheft geklebte „Checkliste" zum Überarbeiten.

Vorteile von Schreibkonferenzen

- Veränderte Lehrerrolle
  Die Lehrerin ist weniger aktiv und bleibt als Beobachterin und Beraterin im Hintergrund, die individuelle Impulse und Hilfen gibt, z. B.: „Weshalb fürchtet sich...? / Überdenke noch einmal den Schluss." Oder bei Rechtschreibfehlern: „Im letzten Satz sehe ich noch einen Fehler/ Schau dir noch einmal das Wort... genau an."
- Adressatenbezug
  Die Veröffentlichungsrunden und das Zusammenfassen der Texte zu Büchern sind sehr schreibmotivierend. Die Kinder fühlen sich durch die Fragen und Tipps der Zuhörer angenommen, lernen mit Kritik sachlich und konstruktiv umzugehen und spüren, dass ihre Mühe und der Arbeitsaufwand belohnt werden.

- Veränderte Schülerrolle
  Das Kind lernt Entscheidungen zu treffen (z. B. bei der Themenwahl) und wird Schritt für Schritt selbstständiger. Unsichere Kinder können sich bei der Lehrerin Rat und Hilfe holen.
  Beim Sprechen über einen Text in der Schreibkonferenz lernen die Kinder verschiedene Zugangsweisen zu einem Text und die Schreibstrategien Anderer kennen. Wechselnde Arbeitsgruppen, gegenseitige Akzeptanz von Schwächen und gegenseitiges Helfen fördern eine entspannte und angenehme Arbeitsatmosphäre.

6. Korrektur

Überarbeiten von Texten durch die Kinder

Ein wichtiges Ziel ist es, die Kinder an ein selbstständiges Überarbeiten heranzuführen, damit sie lernen, ihre Texte kritisch und zielgerichtet zu überdenken und zu verbessern.
Hilfen zum Überarbeiten:

- Die Kinder lassen bei ihrem Textentwurf nach jeder geschriebenen Zeile eine Leerzeile frei als Platz für die Überarbeitung.
- Die Kinder lernen Techniken des Überarbeitens kennen wie z. B. Streichen und Einfügen.
- Sie lernen Korrekturzeichen (Kopiervorlage 53) kennen und verwenden Hilfsmittel wie z. B. ein Wörterbuch, eine Aufsatzkartei oder die Textverarbeitung am Computer.

Indem die Lehrerin selten Wortkorrekturen vornimmt, überlegt sich das Kind eigene Möglichkeiten zum Verbessern und leistet so eine intensivere Überarbeitung.

Name ____________________	Datum: __________	KV 53

Korrekturzeichen

123456	Achte auf die Reihenfolge der Wörter im Satz *1 4 5 3 2 6* *Lilli am Nachmittag gerne spielt Basketball.*
W	Du wiederholst dieses Wort zu oft und kurz hintereinander. Ersetze es durch ein anderes. *Luca geht den Weg entlang. Er geht schnell seinem Hund hinterher.*
A	Überlege dir ein treffenderes Wort. (Ausdruck) *Er geht leise am schlafenden Hund vorbei.*
*	Hier hast du gut formuliert und einen treffenden Ausdruck verwendet. *Das Gespenst schleicht lautlos den dunklen Gang entlang.*
R	Vorsicht Rechtschreibfehler! Kontrolliere und verbessere. *Ich fahre im Urlaub an das Mer.*
?	Hier ist nicht klar, was du meinst. Schreibe genauer. *Es ging kaputt, also warf er es in den Eimer.*

Die Kinder überarbeiten ihren Erstentwurf nach folgenden Kriterien:

- Sie wenden erarbeitete Regeln an wie z. B. wechselnde Satzanfänge.
- Sie überprüfen den Inhalt und beachten den logischen Aufbau, auch im Blick auf den Adressaten.
- Sie überprüfen die Rechtschreibung mit Hilfe von Wörterbuch oder Computer.

Auch Schreibkonferenzen fördern das selbstständige Überarbeiten (vgl. Kap. 5).

Lehrerkorrektur

- Lesen der Kindertexte

Noch bevor die Kinder ihren Text aufschreiben, fertigt die Lehrerin ein Bewertungsraster an (S. 230). Beim ersten Lesen der Kindertexte lässt sie diese spontan auf sich wirken und macht sich ggf. Notizen. Beim zweiten Lesedurchgang geht sie den Text im Hinblick auf die Beurteilungskriterien durch, verwendet die eingeführten Korrekturzeichen und verteilt Punkte nach dem Bewertungsraster. Die Korrekturzeichen sollten gezielt und nur in Maßen verwendet werden, damit die Kinder nicht überfordert werden und durch endloses Überarbeiten die Freude am Verfassen von Texten verlieren.

- Erstellen eines Bewertungsrasters

Die Korrekturarbeit der Lehrerin wird einfacher, schneller und objektiver, wenn die Texte nach einem Raster bewertet werden. Konkrete Vorgaben für die verschiedenen Textsorten finden Sie z. B. bei:

- Doris Krebs, Aufsätze beurteilen: schnell, sicher, hilfsreich und fair. AOL Verlag. Lichtenau 2001
- Günther Stolla, Aufsätze planen – schreiben – beurteilen. Wolf Verlag. Regensburg 1995.

Auch für die Lernzielkontrollen in diesem Buch lassen sich individuelle Raster erstellen. Die Lehrerin setzt je nach dem vorangegangenen Unterricht für jede Lernzielkontrolle eigene Schwerpunkte, leitet daraus inhaltliche und sprachliche Beurteilungskriterien ab und verteilt dementsprechend die Punkte. Wurden z. B. wechselnde Satzanfänge erarbeitet, gilt dieses Kriterium für alle künftigen Texte.

Damit die Kinder die Kriterien auch beachten können, sollten eher weniger als zu viele Kriterien angesetzt werden. In der Praxis hat sich bewährt, die Kinder vor dem Verfassen der Texte noch einmal auf die Beurteilungskriterien hinzuweisen.

Das folgende Beispiel zeigt einen Bewertungsvorschlag für eine Personenbeschreibung.

Mögliche Punkteverteilung:

Inhaltliche Kriterien:	
Die Person ist vollständig beschrieben.	4 Punkte
Die Person ist genau beschrieben.	2 Punkte
Die Beschreibung ist sachlich.	1 Punkt
Sprachliche Kriterien:	
Die Merkmale sind mit treffenden Wörtern beschrieben.	2 Punkte
Die Satzanfänge sind abwechslungsreich.	1 Punkt
Die Zeitwörter sind abwechslungsreich.	2 Punkte

Möglicher Bewertungsschlüssel:

Note 1	12–11 Punkte	Note 4	6–5 Punkte
Note 2	10– 9 Punkte	Note 5	4–3 Punkte
Note 3	8– 7 Punkte	Note 6	2–0 Punkte

• Verbale Würdigung

Eine verbale Würdigung soll dem Kind eine Hilfe sein. Sie soll sachlich und positiv formuliert sein, Gelungenes hervorheben und auf weniger Gelungenes zielorientiert und wohlüberlegt hinweisen. Die Hinweise zum Überarbeiten sind Grundlage für das Verbessern des Textes und für die gesamte Weiterarbeit. Neben der Note ist die verbale Würdigung eine individuelle Rückmeldung für das Kind. Sie macht den Unterricht und die Beurteilung auch für die Eltern transparent und gibt ihnen Hinweise, wie sie ggf. mit ihrem Kind gezielt üben können.

Zeitsparender als ein handschriftliches Erstellen ist das Schreiben am Computer.

• Bilden der Gesamtnote

Neben den benoteten Texten sollten weitere Aspekte in die Gesamtnote einfließen und sie ggf. aufwerten wie z. B.:

- die Bereitschaft des Kindes zum Verfassen von Texten,
- die Bereitschaft zum und die Fähigkeit beim Überarbeiten,
- die Beteiligung des Kindes beim Erarbeiten von Regeln
- und beim Erstellen gemeinsamer Texte.

Literatur

Leonhard Blumenstock, Erich Renner (Hrsg.), Freies Schreiben und angeleitetes Schreiben. Beispiele aus dem Vor- und Grundschulalter. Beltz Verlag. Weinheim 1993

Christel Eberhard, Aufsatzunterricht 3. Schuljahr. Prögel Kopiervorlagen 43. Oldenbourg Schulbuchverlag. München 1997

Christel Eberhard, Aufsatzunterricht 4. Schuljahr. Prögel Kopiervorlagen 59. Oldenbourg Schulbuchverlag. München 1999

Gabriela Eibl/Simonetta Kokott, Märchenwerkstatt. Prögel Kopiervorlagen 66. Olbenbourg Schulbuchverlag. München 1999

Gebrüder Grimm, Grimms Märchen. Eine Auslese. Albatros-Verlag. Ljubljana 1989

Josef Guggenmos, Ich will dir was verraten. Beltz & Gelberg Verlag. Weinheim 1992

Wolfgang Hund, Erzähl-Mal-Schreib-Fantasier-Bilder. Hersbruck 1992 (Eigenverlag)

Wolfgang Hund, Projekt Schulzeitung. In: unterrichten/erziehen Heft 1/ 1984. Wolf Verlag. Regensburg

Eva Kieffer, Lesen macht Spaß. Spiele, Projekte und Materialien für die Grundschule. Prögel Praxis 155. Oldenbourg Schulbuchverlag. München 1991

Doris Krebs, Aufsätze beurteilen: Schnell, sicher, hilfreich und fair. AOL Verlag. Lichtenau 2001

Gerhard E. Kunkel, Die Schülerzeitung. In: Pädagogische Welt Heft 3/1989. Auer Verlag. Donauwörth

Bettina Lammert/Verena Seibert, Kreatives Schreiben im 3. und 4. Schuljahr. Prögel Kopiervorlagen 69. Oldenbourg Schulbuchverlag. München 2000

Max-Moritz Medo, Arbeitsheft Gedichte 3./4. Schuljahr. Was wünschen sich Kinder? Ernst Klett Schulbuchverlag. Stuttgart 1990

Manfred Reichgeld, Gedichte im 3. und 4. Schuljahr. Prögel Kopiervorlagen 55. Oldenbourg Verlag. München 1998

Günter Reinhart, Grundschüler machen eine Schülerzeitung. In: Pädagogische Welt Heft 1/1991. Auer Verlag. Donauwörth

Valentin Reitmajer, Deutscher Aufsatz Jahrgangsstufe 5. Erzählung, Bericht, persönlicher Brief. Verlag und Druckerei D. J. Manz AG. München 1995

Eckhard Rüger, Macht mit! Die kleine Gedichte-Werkstatt. AOL Verlag. Lichtenau 2000

Michael Sahr (Hrsg.), Märchen in der Grundschule. Wolf Verlag. Regensburg 1988

Helmut Sauter, Modelle des schriftlichen Sprachgebrauchs in der Grundschule. Exempla Band 23. Ludwig Auer Verlag. Donauwört 1978

Gudrun Spitta (Hrsg.), Freies Schreiben – eigene Wege gehen. Libelle Verlag. Lengwil am Bodensee (CH) 1998

Gudrun Spitta, Schreibkonferenzen – ein Weg vom spontanen Schreiben zum bewussten Verfassen von Texten. Cornelsen-Scriptor. Frankfurt 1992

Gudrun Spitta, Schreibkonferenzen. In: Die Grundschulzeitschrift. Heft 30/1989. Friedrich Verlag. Velber

Günther Stolla, Aufsätze planen – schreiben – beurteilen. Wolf Verlag. Regensburg 1995

Helga und Hubert Teml, Komm mit zum Regenbogen. Veritas Verlag. Linz 1998

Reinhold Wagner, Formen schriftlichen Sprachgestaltens. Prögel Praxis 78. Oldenbourg Schulbuchverlag. München 1997

Dagmar Witschas, Brigitte Stiefenhofer, Kreatives Schreiben 3./4. Jahrgangsstufe. Techniken – Tipps – Schülerbeispiele. pb Verlag. Puchheim 1999

Stichwortverzeichnis

als Hilfe für einen integrativen Unterricht

Die Autorinnen

Karin Krafft, Lehrerin an einer Grund- und Hauptschule in Fürth/Bay. Praktikumslehrerin und Tutorin an der Universität Erlangen-Nürnberg, mit langjähriger praktischer Erfahrung im Grundschulbereich. Veröffentlichungen zur Kunsterziehung im Lipura Verlag und beim Oldenbourg Schulbuchverlag.

Anja Rahm, Lehrerin an einer Nürnberger Grundschule. Veröffentlichung zur Kunsterziehung beim Oldenbourg Schulbuchverlag.